文学常青藤丛书

郝建国　吴欣歆　主编

描绘笔端的风景

本册主编　杨治宇　周海燕

副 主 编　王玉杰　付　强　王宏伟　方思璐　魏　来

编　　委　李翔宇　杨　威　郑　璐　周芳芳　万代远

李明浩　李鑫鑫　孙　玥

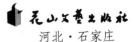

花山文艺出版社

河北·石家庄

图书在版编目（CIP）数据

描绘笔端的风景 / 杨治宇，周海燕主编. -- 石家庄 ：
花山文艺出版社，2025. 1. --（文学常青藤 / 吴欣歆，
郝建国主编）. -- ISBN 978-7-5511-7405-3

Ⅰ. Ⅰ217.2

中国国家版本馆CIP数据核字第2024YA6388号

丛 书 名：	文学常青藤
主　 编：	吴欣歆　郝建国
书　 名：	**描绘笔端的风景**
	MIAOHUI BIDUAN DE FENGJING
本册主编：	杨治宇　周海燕
统　 筹：	闫韶瑜
责任编辑：	林艳辉
责任校对：	李　伟
美术编辑：	陈　淼
出版发行：	花山文艺出版社（邮政编码：050061）
	（河北省石家庄市友谊北大街330号）
销售热线：	0311-88643299/96/17
印　 刷：	石家庄名伦印刷有限公司
经　 销：	新华书店
开　 本：	880毫米×1230毫米　1/32
印　 张：	10.75
字　 数：	230千字
版　 次：	2025年1月第1版
	2025年1月第1次印刷
书　 号：	ISBN 978-7-5511-7405-3
定　 价：	36.00元

总　　序

2022 年春节，花山文艺出版社社长、总编辑郝建国打来电话，商量共同策划一套中学生"创意写作"丛书。 当时，我正在反思应试作文的正面作用和负面影响，确定了样本校，想做一点儿"破局"的教学实践，目标是使学生在学会写作的一般规则的同时又能够自由表达。 恰逢其时、恰逢其人、恰逢其事，一次通话就确定了合作意向、基本方向、大致的工作进程，很是痛快。

但我不想用"创意写作"的概念，因为创意写作是一个成熟的学科，有专门化的人才培养方案，而中学课程方案中没有设置这一学科。 早在 1936 年，美国艾奥瓦大学就已经有了创意写作艺术硕士(MFA)，此后，艾奥瓦作家工作坊在英语国家广泛推广，继而在全球范围内产生了深远的影响。 在我国，2007 年，复旦大学开始招收文学写作专业的硕士研究生，2009 年正式设立了创意写作专业硕士学位点；2011 年，上海大学成立了创意写作创新学科组；2014 年，北京大学中文系成立了创意写作教学团队……据我了解，目前全国有二十所左右的高校招收创意写作专业硕士，课程内容涵盖小说写作、诗歌写作、媒体写作、传记写作等多种文体类型，有明确的培养目标和教学方法。虽然有些中学开设了创意写作的校本课程，但我的目的不在于推广这门课程。我主张用创意写作的学科知识指导中学写作教学的变革，在概念上使用课程文件用语——创意表达。这一想法得到了出版社的支持。

在我看来，所有的写作对学生而言都是创意表达，都需要借助生活经历、语言经验、知识积累、思维能力，把想法变成实际存在的文字，即便是严苛的学术写作，也能够体现出学生的个性特点。对于成长中的学生来说，写作除了具有学习功能、交际功能、研究功能，还有重要的心理建设功能。写作的内核是面对真实的自己，面对真实的情感体验，用文字表达的时间是学生认真面对自己的时间，如果能够自由地表达出自己的想法，就能够很大程度上实现心理重建。

娜妲莉·高柏在《心灵写作》中把写作称作"纸上瑜伽"，她倡导学生每天自由自在地写十五分钟，直接记录脑子里随机出现的词语和句子，记录眼前的事物，记录此时此刻的体验和感受，不管语句是否通顺，内容是否符合逻辑，不管要表达什么主题，就一直写一直写。这样的写作，显然有助于克服书面表达的恐惧与焦虑，有助于克服因为期待完美而导致的写作拖延。学生奋笔疾书之后会有一种释放感，一种绷紧之后的放松感，书写的畅快足以改变不良的心理状态。

写作工坊比较常用的练习方法大多能够引导学生的思维自由延展，比如曼陀罗思维法，又被称为九宫格法，就是将自己的某个观点写在中央的格子里，围绕这个观点进行头脑风暴，将其余八个格子填满，继而再辐射出八个格子，两个轮次的头脑风暴，核心观念迅速衍生出六十四个子观念。 再如第二人称讲述，用"你"开头，写下你看到的、听到的、嗅到的、触摸到的、反映出的、联想到的各种信息，连贯地用文字表达自己真实的见闻与感受。 又如庄慧秋的《写出你的内心戏：60个有趣的心灵写作练习》，提供了六十种开头提示语，其中包括"我喜欢""我讨厌""我热爱""我痛恨"等自我情绪表达的提示语，以及自我形象变形的提示语："如果我是一棵植物，那我就是……""如果我是童话故事中的角色，那我就是……""如果用一幅画来象征我自己，那我就是……"

这些方法都可以在写作教学中运用，帮助学生感受到自由思考的快乐，在相互启发中打开书面表达的广阔世界，帮助他们实现创意表达。

对于中学生的创意表达，我有三点想法。

第一，放松写作体裁限制，用自己的方式记录看到的社会生活，表达真实的情感体验。 中学写作教学存在为体裁找内容的现实问题，学生非常熟悉记叙文、议论文的套路，习惯按照既定体裁框架填充写作内容，这是违反创作规律的。 合理的状态是，学生有见识、有感悟，有表达的目的和对象，为了实现目的寻找合适的表达方式。 体裁可以自由选择，甚至可以自由创造，我们要鼓励学生为自己的内容找到合适的形式。

第二，拓展写作内容边界，在广阔的社会生活中发现写作的内容，探索写作的价值。 美国非虚构作家盖伊·特立斯的作品集《被仰望与被遗忘的》，从微观层面记录了纽约的城市风貌，关注各种人和他们背后的故事：俱乐部门口的擦鞋匠、高级公寓的门卫、公交车司机、大厦清洁工、建筑工人等。

我们要鼓励学生写他们熟悉的、他们经历的、他们知道的，鼓励他们写出自己眼中的世界图景。

第三，重构写作指导模式，建立师生协作的创作团队，形成完善的创作流程。中学写作教学习惯"写前指导"和"写后指导"，写作过程中的指导尚未受到充分关注。Perry-Smith 和 Mannucci 在前人研究的基础上，根据创意过程中不同阶段的需求将创意过程划分为创意产生、创意细化、创意倡导、创意实践四个阶段。学生的初步想法，很多时候是"灵光乍现"，教师要有一套办法组织学生分析原始创意，征集延伸性的内容与想法，整合收集到的信息，帮助学生完成创意的修改、发展，有序完成从创意到作品的实践过程。

《义务教育语文课程标准(2022 年版)》设置了"文学阅读与创意表达"任务群，《普通高中语文课程标准(2017 年版2020 年修订)》设置了"文学阅读与写作"任务群，对学生使用书面语、发展创造力提出了明确的要求。本套书选择的学校大多为区域名校，学生的创作和教师的指导体现出落实课程文件要求的原则与策略，期待能够引领更多学校、更多师生的创意表达。需要说明的是，这些学校的师生不仅重视创意表达，而且极为重视语言运用的规范，他们热爱国家通用语言文字，热爱中华文化，对中华文化的生命力有坚定的信心，他们的创作在弘扬中华优秀传统文化方面，也做出了良好的示范。

2023 年元旦于北京　吴欣歆

序一　青春智慧的文字见证

　　长期以来，中学作文教学从理念上到事实上，都存在着应试作文教育与自由创作指导对立的现象。理念方面，一种观点认为二者是互相对立的，不能直接为语文试卷加分的自由创作，是脱离现实的，是时间和精力的浪费，才华愈突出，个性愈强烈，耽于此业愈沉迷，为害愈严重。在升学为第一要务的指挥棒下，对于有创作志趣的少数作者，自然是要将这志趣扼杀于摇篮当中。一种观点认为自由创作与应试写作两种模式之间是锦上添花的关系，虽不否认二者之间的某种一致关系，即是说在一定程度上承认有创作才华的学生对应试作文也自然会有更自如的把握、更上乘的表现，但也认为它毕竟属于冗余性的才能，在应试现实下，于此耗费过量精力是得不偿失的事情。事实上，与前种观点并无二致。

　　东北师范大学附属中学是国内名校，历来以高水平的素质教育享誉全国，其写作教育，也在很大程度上有别于几十年来居于统治地位的应试作文教学。早在 20 世纪 80 年代中期，我学生时代就阅读过不少《语文报》《作文通讯》等语文报刊，"东北师范大学附属中学"的名字就不断映入眼帘，从师生们的文章中，形成了对东师附中优良的写作教育的直观印象。大学时期因专业关系，通过见习、观摩、聆听教研活动，对东师附中的语文教学更多了些感性了解。特别是从教后因为工作关系，和语文组的同人们多有接触，感受了在历届学科带头人的引领下，东师附中语文学科组浓郁的学术氛围、浓厚的创作风气。以我接触最多的最近两位学科主持人来说，孙立权老师（前任语文教研室主任，现为东北师范大学文学院教授）和王玉杰老师（现任语文教研室主任），不仅自己出口成章、落笔成文，有深厚的语文修养，而且先后提出一系列饶有特色的教育思想和教学主张，在国内中语界有广泛影响。他们的主张总括起来都是围绕"素质教育"而发。在这些主张之下，东师附中的语文教育跳出课堂、课本，广泛汲取生活资源，充分激发语文学科的综合性潜能，追求科际融合，语文活动搞得丰富多彩、有声有色。在写作教学方面，东师附中语文组大力鼓励创作，指导学生进行自由写作，产生了大量优秀作品，在教学方面，探索出了不少有效模式。当然这样的教学模式对于教师的语文功夫是一种考验，如果老师不能写作，就很难带动学生的创作风气。东师附中语文学科恰恰聚集了一大批能写、善写的老师。语文组办的《铎音》杂志，就是老师们创作的园地之一。这本妙趣横生的小刊虽然只是内部发行，但它不光在校内广受欢迎，在本地教育界也是名声响亮。从杂志上发表的老师们的个体创作，我神交了一些原本不甚了解的老师，他们有的善于敷衍故事，有的长于写作新诗，有的耽于辞赋，有的热爱旧体诗，有的评论写得地道。 王玉杰老师亲自操刀编撰的《新世说系列》专栏，取材于语文组同人的日常趣事，写人叙事活灵活现，言谈机锋幽默俏皮，读来每每令人忍俊不禁，从中可以看到这群语文人超脱的生活态度、高雅的审美情趣、和谐的学术氛围以及对语言的高度敏感。 这不正是最理想的语文状态吗？ 语文组还指导学生创办了一些刊物，或不定期编辑出版学生作品集。 以我了解的一格文学社社刊《一格》为例，全部由文学社成员组稿、选稿、编辑，轮值编辑即使在紧张的高三复习阶段，也是一丝不苟、倾力而为，展现了中学生创作的较高水准。 在各类中学生文学赛事中常常看见东师附中学生的身影，正是这种鼓励创作的氛围影响的结果。 现在这本附中学生作品集作为"文学常青藤"丛书的一种推出，是作者们在东师附中度过的青春时代的文字见证，更是东师附中近年来写作教育成绩的一次丰收的检阅，值得祝贺。

本集主要是按照体裁分辑，收有小说、现代诗、旧体诗、散文、随笔，另外还有"学子心"一辑，收一组以附中为主题的文章。 个别作品我以前曾有机会读到，这次又选读一些新作，总的感觉是题材广泛，文笔活泼，作者们留意生活，读书得间，富于想象，乃能有此造诣。 有些作品稍显稚嫩青涩，但其勇于探索、勇于创新的心劲儿，仍然值得鼓励。

相信在不远的将来，这本作品集的作者队伍中，会涌现出一些在写作上有所成就的作者。 而大多数的作者，即使不成为作家诗人，也会保有永久的诗心，至少在他们所从事的职业上一定是最擅长写作的人。 写作是美丽的事业，有这样的美丽相伴，足以傲人。

东北师范大学文学院　徐　强

序二 笔端绘梦，风景正好

常以为高中生的文学创作就像是"戴着镣铐跳舞"，在高考指挥棒的挥舞下，学生们青春、瑰丽的文学世界若隐若现，时而被唤醒，时而淹没在文山题海中。真正精彩的高中写作绝不只有高考作文这一条路，更有写作者靠亲身丈量世界换来的独属于自己生命体验的一抹抹动人弧光。

东北师大附中有着悠久的文学教育传统，七十多年来，语文教研室始终站在教改潮头，从颜振遥先生的"语文自学辅导"教学法，到张翼健先生之"语文教育民族化"主张、读写能力过关之实验，到孙立权老师的"语文教育民族化"系列课程理论与实践，东师附中文学教育之舟，与时代浪潮同频共振，书写着不朽的华章。

近二十年来，我们紧跟时代步伐，积极建设班级、年级、学校、社会为一体的四级学生作文能力培养平台，并积极在高一、高二年级开设各类文学创作校本选修课——"短篇小说鉴赏与创作""散文的鉴赏与创作""新诗的鉴赏与创作""认知写作学"等来开启并助推学生们的写作之旅。老师们深知文学创作是在建立自我与世界的连接点，故热忱鼓励学生进行文学创作，并尝试多样化的写作教学法，如借助日记、札记、随笔、陪同写作、联诗、笔记卡片、头脑风暴、思维导图等具体形式，引导学生用心体察生活、感悟生活，从生活中汲取灵感，用文字记下所见、所闻、所思、所感。这些文字汇聚成一段段随笔、一本本班刊、一期期《一格》文学社刊和大量发表在各大报纸、期刊上的文章，学生们妙笔生花，文采飞扬。

2022 年冬天，北京师范大学吴欣歆教授联合花山文艺出版社想为全国高中生编写一套高中生创意写作优秀作品集，旨在让那些青春洋溢的奇思妙想得以在更广阔的天地间绽放光彩。2023 年 1 月的线上编辑会议上，全国各地高中老师与资深编辑们各抒己见，分享高中生创意写作的优秀经验。1 月 6 日，东北师大附中的"学生优秀作品集编委会"成立，并开始面向全体语文老师征集学生的优秀作品。2023 年 3 至 5 月，大家讨论板块，研究标题，将征集到的三百多篇文章不断精简，形成了这本作品集。

这本作品集的文章，有的来自老师们多年留存的学生佳作，有的来自历届学生编辑的班刊，有的来自近年刊印的《一格》文学社刊，也包含了近年来学生参加全校作文大赛、"叶圣陶杯"全国中学生新作文大赛、全国中学生创新作文大赛、全国中学生科普科幻作文大赛等的部分获奖作品，同时也有在《中国青年报》等国内外知名报刊刊载过的文章。

作品集有六个版块："雏凤声"为现代诗部分，初啼之音清脆悦耳，所选的作品或兴或观，或群或怨，以青春的视角和昂扬的姿态审视这个世界；"附中情"为古体诗部分，工整典雅，情深意长，是东北学子眼中的雨、耳畔的风、心底的歌、笔下的路；"凌云志"为散文部分，或壮志凌云，或内蕴深情，是倔强，是赤诚，在年轻的生命海岸线上执干戚而舞；"逍遥游"是小说部分，展现了学生思想的活泼不羁，如同鱼儿得水，遨游于无垠的文学海洋；"学子心"为家乡校园专版，描绘了长春风物和东北师大附中的校园生活，展现了东北少年的天真气、勇气和锐气；"自由笔"包含随笔、话剧、读后感等文体，作者们对历史、社会、人心进行演绎，对经典文章有独到感悟，对中外影视作品纵情点评，展现了独立的人格和自由的思想。 这些作品，或温柔如春日暖阳，或炽热似夏日烈焰，或深沉若秋山古木，或纯净比冬日初雪，皆是学子们心灵的真实写照，体现了他们对生活的无限憧憬与广泛思考。

编书过程中，王玉杰老师整体规划，杨治宇老师带领人文社科实验班的学生们严格选文、精益求精，周海燕老师组织一格文学社成员广纳佳作、积少成多，付强老师为各版块题写序言，王宏伟、方思璐、魏来等老师，细品词句，精心推敲，确保每一作品文从字顺。 2024 届高三学生张凌宇（14 班）、张芳源（14 班）、骆亦菲（2 班）等同学，也在高三繁忙的学习生活中抽出时间为编辑这本书做了大量的工作。

越是碎片化的纷繁世界，越需要写作者们不断地构建自己，使自己成为一个完整的世界，来确立自我与真实世界的锚点。

版面所限，学生们的精彩作品未能全部展现，唯愿以此为契机，让中学生文学创作的世界更加广阔。 以文会友，愿全国各地的中学生朋友能够交流互鉴，共同发展，创作出更多更美的人生篇章。

东北师范大学附属中学　周海燕

目　　录

雏凤声（现代诗）

附中情（古诗）

凌云志（散文）

逍遥游（小说）

学子心（家乡与校园）

自由笔（其他）

雏凤声（现代诗）

引　言

"人才自古要养成，放使干霄战风雨。"正因为成长于风雨，青春方显生机勃勃。本部分所选的作品或兴或观，或群或怨，皆以青春的视角和昂扬的姿态审视这个世界的真与伪、善与恶、美与丑、悲与欢。心之所动、情之所钟，少年作者们基于平时对象、境、事、情、理的观察、体悟和思索，亲历、剪裁、提炼、追问，笔参造化、驱遣龙蛇。他们不在麻木的暗渠里沉沦，更不为赋新词而无病呻吟和阴阳怪气。

雏凤声声，清于老凤。一生诗情画意，方化神来之笔。在这些蓬勃的诗作中，有千锤百炼、推敲琢磨，亦有信手拈来、妙手偶得，我们欣喜地看到了年轻生命展现出的历史内涵、理性观点和逻辑力量，我们感受到了青年学子激扬文字的风采，更感受到了他们时时"在场"的担当精神和信步走向更宽阔未来的底气！

尘

◎2016 级 16 班　尹靖泽

一

两面冰蓝的镜子

互相反射

一面是冰雪

一面是冬天

二

泪水凝结

冷色调的忧伤

如果暖色毁灭

尽头会不会延长

三

一丛玫瑰

一服硫黄

封存了整整一个世纪

再也不会受伤

四

阳光左侧是否寒冷

月球右表面是否荒凉

你抛弃你的冷酷

再记不起自己的模样

五

昨晚两座灯塔搁浅

灯光照射到荒野

雪花变成精灵

跳动在古老的城邦

六

冰霜降临

冬季无限循环

还有与它相隔八月的海面

它们才是我的亲人

七

听吧

妇人唱着古老的歌

羊毛温暖不了北方的夜晚

你寒冷着我的生活

八

遥远的时候

孤独才是温暖

是否要相拥

开门即是冬天

九

应该如何界定南北

又要如何区分善恶

公主在花园里挑选着长裙

头发尚未转灰的时间

都排满了访客

十

忘记曾经吧

泪水才是最原始的河

到此为止吧

沙漠中无人漂泊

指导教师：王　瑞

风

◎2022 级 21 班　廖晨宏

你好啊，神奇的小精灵！
你有着轻捷的身形，
在天穹中飞行。
悠扬的乐音为人们聆听，
人们欣赏着你带来的风景。

吹吧！拂过热闹的金色沙滩，
白云、海岸、蓝天，
夏日炎暑也阻不了你飞向溪流河畔。
风啊，我听见了，你的呼唤。

吹吧！抚摩灿烂的金黄麦群，
稻田、牛羊、晨昏，
秋日的你装点了寂静小村。
风啊，我感受到了，你的温存。

吹吧！划过紧闭的白色门窗，

雪人、篝火、冰霜，

寒冬也让你变得孤独，心变得冰凉。

风啊，我察觉了，你的悲伤。

吹吧！快吹吧！凑近温煦的红色暖阳，

燕子、杨柳、花香，

你终究心向春阳，播种下希望。

风啊，风啊！我了解了，你的心向。

风伴成长，我就是那

捕风的异乡人啊，

随着风，向着远方——

周游春秋四季艳，

逍遥自在九重天。

指导教师：王宏伟

霁 月 杂 诗

◎2021 级 14 班　杨添翼

一、人之愿

常常会突然觉得

眼前的每件物件的发明都令人惊异

自然中毫不搭边的果叶木石

辗转成为笔墨纸砚拿在手里

塑料外壳与发光的屏幕

递得出相距几千里的一封家书

有时会想没有这些物件以前

人们该如何生活

历史老人他不会说话

只把时代的变迁看在眼中

人类啊

如何能成为食物链顶端的动物

没有飞禽扇动的翼

钢铁的机舱去搏击长空

没有走兽尖锐的爪

枪炮的轰鸣震耳欲聋

播种机播撒生命的种子

高楼林立刻画文明的蓝图

果叶木石并非无尽

矿石油气也有一天会被抽空

生命女神她不会说话

只把自然的变迁看在眼中

人类啊

又如何忽视了生养你的沃土

飞鸟在机翼的呼啸中哀鸣

林兽在枪弹的飞掠下匍匐

曾经游荡在林木中的猿猴

现在又如何在金钱与欲望中踯躅

人类固然是最具创造力的生物

却即将溺亡在创造的阴影中

倘若真的有神

我无法知道他们怎么想

但如果能许下愿望

我希望

我希望火药不再带来鲜血

希望机舱里也会住着飞鸟

希望幼稚的孩童能留存星空的梦

希望世世代代都能闻到新鲜的空气

趁着还能看到夕阳边纤毫毕露的远树

趁着还有清醒的人为了保护自然东奔西跑

愿夕阳下的奔跑成为每一代人的青春

愿星河不是我们失去地球后的前路

二、夜空中的小卖部

夜空中有一个小卖部

对每一个忘记拉窗帘的夜猫子开业

也不乏别出心裁的顾客光顾

关上灯

星辰就会偷偷把月光揉碎在枕头底

我来到收藏着晚霞和朝阳的橱窗

我想说我要山花灿烂，志得意满

要仗剑天涯，千金不换

可是想想还是算了

我已经长大了

我只想要岁月静好，你我皆安

三、星星值夜

今晚的星星又来当值了

夜风替它告诉我：

加班的职员合上笔记本，躺在床上睡了

开夜车的护士盖上笔，躺在长椅上睡了

备战高考的学生，伏在案上睡了

桂林路的灯火歇息了

火车站的站台安静了

飞扬的雪小了

檐角的蛛悬在线上睡了

听得见时间顺着檐角的网流下

笔尖磨得纸簌簌作响，却写不下一句诗

指导教师：杨治宇

狂　　想

◎2021 级 23 班　王禹循

公交站点还受着

风雪的侵袭

你却提前结束了自己的雪季

踩一摊墨在脚底

好像被人遗弃的风衣

为了回到那个萧瑟的秋

你与红松鼠结伴远方

去取树洞里的橡子

你掷每一粒冰晶嬉戏

又牵一缕天上的涟漪

冰晶化成露水

橡子还没化开

红松鼠打了个响鼻

指导教师：王迎新

黎明前，夜的最深处

◎2022 级 14 班　孙俪源

黎明前，我看见，

最深的夜里繁星点点。

呐喊，

呼声阵阵。

天安门前游行。

长征路上飞奔。

南湖的风。

井冈山的日明。

叫醒，

沉睡的狮。

黎明前，我记得，

最深的夜里火光荧荧。

笔下，

墨痕道道。

红烛的光刺破迷惘。

狂人呐喊出，

新世界的畅想。

济南的冬，

故园的秋。

大好的河山，

红星闪烁其间。

指导教师：王玉红

梦·一点怪奇

◎2021 级 5 班　白一兰

风把过往撕碎

我光着脚　在芦苇荡中起舞

我遇见了斑马　它向我点头致意

青蛙先生见了我

自顾自蹦到了人民广场中央的塔顶

飞机掠过我的发丝

哦　奇怪原来是只粉色的蜻蜓

梦里风还没停

我醒来已是正午

外面阴雨绵绵

风也在嘶吼

家旁边的杨树不顾他人怪异的目光

沉醉地摇摆着粗壮又弱不禁风的身躯

破土后没有自由

这是我对它的评价

它还在舞蹈　好似没听见一般

真怪

我又沉沉睡去

上天发明了阴雨天

我不能白白浪费

指导教师：王玉杰

如果我死了，就把我埋在……

◎2021 级 14 班　王奕菲

如果我死了，就把我埋在春天
一棵苹果树底
四月在墓碑的脚下
白色落花很低很低

如果我死了，就把我埋在夏天
夏天的一个下雨的傍晚
蓝到靛到紫的暮色
混成灰蒙蒙一片
矗立，矗立在雨中
在雨中
等一把伞
然后奔逃进黑夜

如果我死了，就把我埋在秋天
临一条河倒映出天空

飞鸟，雪白的芦花

少年，迟暮的华发

枕在枯草间

流水潺潺

把世界上的每条河流一一听过

如果我死了，就把我埋在冬天

葬在西伯利亚的松林里

北风从亿万年前呼啸而来

又向着下一个亿万年吹去

黑松抖落白雪

睡眠要配噪声

如果我死了，就把我埋进永恒

墓碑坍圮

原野荒芜

我还和我的歌在风中

落下灰蓝的尾羽

其实也无所谓永恒

指导教师：杨治宇

诗人与大地

◎2010 级 1 班　王　战

诗人伏在松软的泥土上

听着鸟鸣虫语　抚着春风绿草

他在心底里问着——你是谁

大地沉默着　不发一语

只有诗人抓起氤氲的泥土

撒向空中　贴在脸上

诗人走在青葱的林地上

徘徊于山清水秀　陶醉于林茂花香

他叩击着每一节树根问着——你是谁

树根沉默着　不发一语

只有诗人卧在青石板上

安然入睡　徜徉梦间

诗人靠在冰冷的岩石上

俯视着来路崎岖　仰望着前程坎坷

他凝视着黝黑的岩壁问着——你是谁

岩壁沉默着　不发一语

只有诗人攀缘在山路上

披荆斩棘　守望信念

诗人站在无垠的雪地上

不顾寒风呼啸　不顾雪水浸透

他抓起每一片雪花问着——你是谁

雪花沉默着　不发一语

只有诗人僵卧在雪地里

任风凛冽　任雪掩埋

指导教师：王　瑞

所 幸

◎2021 级 10 班　宋香雨

幸好还活在今天

和风在脸上轻抚
阳光也为她驻足
这是她们的礼物
我也无声地欢呼

幸好还属于今天

空气中喧嚣着快乐
纷繁里舞动着烂漫
那是它们的狂欢
我也悄声地祝愿

幸好不只贪恋今天

蔬果虫鸣　花草林路

金秋暖春　严冬酷暑

喜乐康健　哀伤贫富

潮起潮落　云卷云舒

幸好没有留在昨天

那天空摇旗呐喊

那雨虹不再擦肩

这花开肆意绚烂

这世界与我有关

指导教师：方思璐

我愿做一粒尘埃

◎2019 级 14 班　赵　桐

我是历史的巨轮下，

一粒渺小的尘埃，

在巨轮碾过的印迹里，

我看到了，

一个文明古国的，

兴、衰、荣、辱，

我初见它时，

它被称为华夏。

历史的巨轮缓缓前进。

只有那吱呀声倾诉着时间的流淌。

听，

那是夏启的宫殿中传出的朝贺声。

夏，

是这片东方的土地上的，

第一个王朝。

自此，

天下为一家所有，

王的地位至高无上。

历史的巨轮继续前行，

一如既往地缓慢，

慢得让人几乎感觉不到它的移动。

我看到了，

春秋的动乱，

战国的纷扰，

让我心生厌倦。

但他的出现让我眼前一亮，

秦王嬴政，

我看到他吞六国，扫中原，

一统天下的雄心无人可阻。

六国的遗民都在咒骂他，

怀着他们的亡国之痛，灭族之悲，

但我似乎懂他，

分裂的结局便是动乱，

与其如此，

倒不如以短痛结长痛，

统一方可安宁。

可我的想法并不重要。

因为，

我只是一粒小小的尘埃。

历史的巨轮缓缓前行，

他终于实现他的理想，

成了这天下的皇帝，

但人心终会变，

他变得暴虐无比，

执意建造华美的宫殿，

寻访不老的仙丹，

甚至不惜置黎民于水火。

终于，

秦灭了，

二世而亡。

我不知是该欢喜还是悲伤，

可那又有什么关系，

我不过是一粒微不足道的，

小小的尘埃。

历史的巨轮缓缓前行，

渐渐地我不再关心它的印迹，

因为我明白了，

一个人的力量，

无法长久地掌控这片土地，

朝代的兴替不过是历史的演变，

结局从一开始便已注定。

历史的巨轮缓缓前行，

不知走了多久，

一声巨大的轰响，

使昏睡的我惊醒。

我看到一个庞然大物，

轰的一声击碎了，

那青黛色的城墙。

我难以置信地望着那些，

披着焦黄色毛发的野兽，

还有倒在血泊中的士兵。

终于这外强中干的王朝，

在野兽的撕扯与臣民的反抗中，

支离破碎！

和它一起瓦解的，

还有屹立在华夏大地几千年的皇权。

但战争并未终止，

新的侵略者又踏上了这片土地，

这些狂暴的野兽，

发出难听的吼声。

伴随着令人恶心至极的野兽的号叫，

鲜血再一次染红了这片土地。

一触，生怖，

再睹，生恨。

我忽然觉得，

愤怒填满了我的胸膛。

可我对这一切无能为力，

因为，

我只是一粒小小的尘埃。

那一年的秋，

让这个民族永远铭记：

当凶残的野兽再一次，

将魔爪伸向沧桑的土地，

这片土地上的人们终于学会了反抗，

我看到他们不顾一切地冲上去，

不管是年轻力壮，

还是老弱妇孺，

哪怕明知是飞蛾扑火，

他们也义无反顾。

大家宁可做战死的鬼，

也不做投降的人。

我看着他们，

似乎有一股热流流淌过我的全身，

是泪吗？

可我只是一粒小小的尘埃呀！

怎么会落泪呢？

终于，
凶残的侵略者品尝到了贪婪的苦果，
人们艰苦卓绝地斗争，
终是换来这片东方土地上的安宁，
历史的巨轮在此碾出深深的印记，
这些为了自己的家园而战斗的人们，
终将被历史铭记。

战争终于结束了，
又是金秋的时节，
一个新的政权诞生了。
人们给它取了一个新名字，
——中华人民共和国，
一个崭新的中国。
从这一天起，
人人都是这片土地的主人，
从这一天起，
没有人胆敢随意地践踏这片土地，
因为这片土地上所有的主人，
一同昭告天下：
中国人民，
站起来了！

我看着他们，

那股热流似乎又一次流淌，

与上一次既相同，

却又不相同。

你若问我，

如今的这片土地是什么样子？

我会大声地告诉你，

如今的她山环水绕，

如今的她绿草如茵，

如今的她不同往日。

如今的我以她为傲，

你说我不过是一粒小小的尘埃，

是啊！

但我心甘情愿地，

做这片中国的土地上的，

一粒小小的尘埃。

指导教师：苏　悦

向 阳 花

◎2020 级 22 班　刘瀚阳

蓝天之下的向阳花总是不善言辞，

学不会如何向哺育其的大地倾吐内心。

白昼中的阳光不可名状，

向阳花的表达词不达意。

荒凉的黑夜中是似利剑的星光，

向阳花失去太阳的指引失去了方向。

但那银色月光中的挺直高昂，

是迷途中向阳花的倔强。

太阳啊！你可曾听清我对你的赞誉？

无论怎样撕心裂肺都只能是内心独白。

我追寻你，永远面朝着你，

你的光热来源的方向就是我一生所寻。

感谢大地给予我的天然赠礼，

我的表达为了绿茵上的那抹生机。

永远向下扎根，心怀信念，面朝阳光，

夜色中仍中通外直，

才是我始终追寻的使命。

指导教师：王宏伟

兄弟王战

◎2010 级 1 班　侯　易

我的兄弟王战是一个诗人

正午　躲藏于灰色风衣的阴影

啜饮着牛奶

我的兄弟狰狞了许多书画

我的兄弟王战是一个胖人

初春　灌木丛中的青苹果

黄泥遮住露珠

我的兄弟挤扁了许多甲骨文

我的兄弟王战是一个学究

夜晚　双手抚过我们无知的边缘

目光刺入微观世界

我的兄弟苍老了许多元素

后来，有人对我吹嘘他的大哥

我问他可曾见过我的兄弟

他叫王战

我的兄弟可是一个匠人

他总是编织着疑问

　　　　　　　　　　指导教师：王　瑞

夜　光

◎2022 级 22 班　宫嘉璐

于深夜幻想，
待窗外最后的灯光熄灭时，
推开窗，
飞向名为宇宙的海洋。

借来夜行者的眼睛才能看见，
繁星点缀在蓝色帘幕上。
蜉蝣漂荡。
在此之外，悄然延伸的黑暗，
倾泻而出，融入画卷的深处。

我向游鱼发问。
或许天空与海洋本就同源？

目之所及是相似的蓝，
相似的帷幔，相似得令人心安。

难以窥见却是相似的冷淡，

相似的黯淡，相似的无底深渊。

透明的鱼儿沉默无言，

远方的天与海，

星与泡沫，连成一片。

橙红将要凝结出分界线。

那便起舞吧——

乘着流星坠入街市繁华，

洋流溅起紫色的水花。

明黄的缎带围成相框，

将故事定格在独属我一人的童话。

我在梦境的边缘，

描绘着相似的灿烂，

空中阳光正暖，

脚下海水正蓝。

指导教师：王宏伟

致 月 亮

◎2016 级 15 班　霍俊灼

黄昏在寂寞中袭来，
愤怒的夕阳，
阻挡不了你的锋芒。
月，你在如水的暗夜里
摇曳着身姿。
乳白色的光晕，
在心底，荡漾，荡漾。

岁月流去了，流不去的
是你的光芒与倔强，
寄托着人心中的美好祝福。
光阴飘走了，飘不走的
是你的圆缺与感动，
重复着月升月落，阴晴圆缺。

单于在雪原上低声纵马奔逃，

靠了你任性的躲藏；

东坡在庭院里携友散步吟唱，

仗了你无私的照亮；

谪仙为了追逐你的身影，

而长眠在水中央。

地上的街灯啊！

沐浴着月光，分外

鹅黄，带着不食烟火的

气息，让我在寂寞中彷徨。

再深的水也无法淹死鱼儿，

再烈的火也无法烧死凤凰，

再黑的夜也无法窒息月亮。

学会在孤独中成长，

学会在绝望中希望。

在孤立无援时，

咬牙再忍一步，

用信念支撑前进的力量，

你将成为暗夜中，

孤独而骄傲的君王。

新月，满月，弦月，残月，

不屈不挠，不卑不亢，

哪怕灯光比你耀眼，

星星比你闪亮，

我也知道，那是你

在积蓄力量。

哦，月亮，大自然的宠儿！

面对着你，该铭记的，

铭记，该回忆的，

回忆。月光中伫立的

不是街灯，是我们的

身影。心灵中承载的

不是光阴，是月亮的

坚强。

两片落叶，

在半空中迈着细碎的步伐，

翩翩起舞，

在月光下亲昵地依偎在一起，

好似荷叶下嬉戏的鱼儿，

刹那间钻入水底，不见踪影。

月光，又敲开了

谁家的窗？一夜是否好梦？

马路上孤独的行人，

在月光下久久地

徘徊，徘徊。

月，照亮了大地，

照亮了天才与疯子；

照亮了圣者与凡人；

照亮了每一个游子，内心深处

埋藏着的地方。

黎明在孤独中醒转，

惺忪的朝阳

也遮掩不了你的光亮。

月，你在似梦的清晨中，

隐去了身影，

鱼肚白的朝晖，

在心头碰撞，碰撞。

指导教师：王　瑞

附中情（古诗）

引　言

　　诗为言志之声，风有劝世之名，雅乃别俗之目，韵则吟诵之情。迈往古而越千年，承遗绪以开一代，诗风传承，雅韵长存，固我辈学子理所当为，分所应担者也。

　　思彼盛唐，诗坛群星璀璨；念那炎宋，词场众妙毕呈。太白高古，出蜀道而奔天姥；子美沉郁，离鄜州以就夔门。路行千里，牢笼万物，金风吹彻忍冬之花，碧水演漾辞春之柳。东坡豪放，胸胆开张英雄之气；易安婉约，舴艋满载鸥鹭之声。诗风本乎天然，心性攸定；雅韵在于人情，涉历所关。及前贤之踵武，谱时代之新篇。粗通诗律，小马强步乍行；略窥词格，雏鹰振翅欲飞。

　　王师宏伟，辑此版块，调寄《满庭

芳》，聊赠附中同学诸君：

　　陌上花开，书香满径，碧
梧银杏成行。巍巍附中，诸君
游上庠。师生切磋琢磨，课内
外、共享春光。东风里，鹏抟
豹变，来日恰方长。

　　多思、求是处，勤学好问，
勇敢坚强。放眼看世界，器宇
轩昂。兼容并包为志，领风气、
凤舞鹰扬。同学们，追求卓越，
行者自无疆。

　　青云有路，笔底生风，诸君勉旃。

沙漠夜雨

◎2022 级 22 班　宫嘉璐

夏夜朔风起，灯幽尚未眠。

黑幕凝远际，白箭破云间。

漫漫沙如雪，凄凄雨似烟。

明朝何处去？遥望帐帷边。

指导教师：王宏伟

痂

◎2022 级 22 班　马　静

梦里曾说梦，觉来泪彻痕。

三年江海客，万载不归人。

醉困襟怀乱，惺忪睡眼沉。

倚秋饮春醁，惊恍余刹温。

指导教师：王宏伟

感《人生海海》

◎2022 级 22 班　毛笙骅

风雨人间难觅静，身世浮沉絮飘零。
黑白颠倒愤恨溢，举世混浊无人清。
本是英雄回春手，却倚金刀望繁星。
人生海海命运苦，荒诞离奇真世情。

指导教师：王宏伟

贵 妃 叹

◎2022 级 22 班　孙弘洋

珍馐千万品，但恋荔枝香。

赶路人憔悴，飞驰马断肠。

唯期妃子笑，不顾官民伤。

更至安贼乱，全无故盛唐。

指导教师：王宏伟

登　城

◎2022 级 22 班　佟昊洋

细雨层林染，清风雁过鸣。

悠足登马道，放眼望苍穹。

内外长城垛，高低天下屏。

四海皆升平，自此不修城。

指导教师：王宏伟

望 南 湖

◎2022 级 22 班　杨怀策

昔晨梦醒落凡空，起叹凉风绕柱隆。

两岸石亭承翠羽，三扁木艇入高穹。

青阶落错丝苔漫，碧路弯绵卷柳荣。

雨雾拂颜觉气束，风烟尽处贯长虹。

指导教师：王宏伟

夜　望

◎2022 级 22 班　尹柏乔

一轮圆月亮晴空，原是嫦娥夜点灯。

月有亏盈思命运，花无长盛叹春荣。

银河漫漫星光暗，大地蒙蒙院中明。

正是秋高之时日，太空翔我几精英。

指导教师：王宏伟

秋 夜 相 会

◎2022 级 22 班　张紫轩

薄暮依深林，清秋玉钿声。

天穹开墨伞，雾霭亮明灯。

落雁循声探，芳颜笑语逢。

孤亭茶二盏，却坐待云蒸。

指导教师：王宏伟

闲步偶得

◎2022 级 21 班　李松芮

日落星河起，云开碧月圆。

倾茶消暑气，鼓瑟动林鸢。

漫步凉亭里，寻芳水榭边。

新枝聆雀语，老树晓林泉。

指导教师：王宏伟

秋　思

◎2022 级 21 班　刘芳瑜

寒秋思往事，可叹雁成双。
雨打霜花谢，风吹落叶黄。
开耳听四面，举目望八方。
与尔谈江山，都说少年狂。

指导教师：王宏伟

观泰山日出

◎2022 级 21 班　刘金婷

月落东山脚，星归夜幕中。
游人皆梦觉，客栈渐灯明。
旅者登临处，天边日曈曈。
风来枝叶颤，雾散见空晴。

指导教师：王宏伟

登 玉 皇 山

◎2022 级 21 班　石钟钰

骄阳半探面，煦雾溢倾城。
翠掩幽云暗，山回苦杏逢。
峰高暖意尽，浪矮阔潮生。
逝者哀前日，青春盼远征。

指导教师：王宏伟

瞬

◎2022 级 21 班　于小晰

琼华转瞬幽无觅，缱绻轻飘漫野香。
片片芳英倾粲笑，迭迭倩影唤琳琅。
昙花悄现风醺雨，惊鸿一瞥月坠江。
岁月青葱凌壮志，光阴溢彩望东阳。

指导教师：王宏伟

写　怀

◎2022 级 21 班　李书瑶

浩瀚银霜月，飘零碧海峰。

其中须自悔，此外不相逢。

巧蘸杯茶淡，轻煎墨色浓。

我闻仙在水，去路杳无踪。

指导教师：王宏伟

九一八咏史

◎2022 级 21 班 张钰晗

哀鸟长鸣倭寇侵，中原板荡九州沉。

凄凄北国黎庶散，傲傲东瀛虎狼奔。

日章欲掩挥刃迹，山河不销泣血痕。

抚泪追昔铭铮骨，芳流不朽华夏魂。

指导教师：王宏伟

忆江南·萧瑟

◎2022 级 22 班　杨怀策

多少叶，飘落瑟秋空。昨日墨青今却堕，明朝凉梦似枫红。往事入东风。

指导教师：王宏伟

丑奴儿·游山

◎2022 级 22 班　李昊桐

雄奇峻岭直冲霄，细雨微飘，数簇花笑，仙境琼宫怎可较？
闲穿绿荫撷梅子，浅鱼嬉闹，莺啼燕叫，一年佳景此刻到。

指导教师：王宏伟

如梦令·夜中伏案小憩记事

◎2022 级 22 班　孙雨亭

庭下月明寒露，屋内繁忙杂务。欲仿效阳明，清静对竹格物。何处，何处，芳草无情碧树。

指导教师：王宏伟

长相思·南湖

◎2022 级 22 班　杜祥瑞

垂柳旁，杨树旁，白玉桥头独感伤。风筝线渐长。

眼恍恍，步忙忙，碧水东流往事藏。少年心莫狂。

指导教师：王宏伟

卜算子·题书房

◎2022 级 22 班　王林奇

明月叩窗扉，经卷眠几上。檐角斜阑三点星，怎比孤灯亮。
归路黛霞掬，晨起彤光傍。欲问书生意气何，会挽长风畅。

指导教师：王宏伟

相见欢·送别

◎2022 级 22 班　王菁悦

银钩悄挂枝头，阅千秋。瑟瑟秋风吹落百幽愁。

处暑去，光阴逝，似江流。怎奈别夕将至总难留。

指导教师：王宏伟

鹊踏枝·秋雨

◎2022 级 22 班　田双硕

云瀑霜河凌迸落。另起烟霞，雾霭沙鸥过。庭下落红娇醉堕，夕阳崖际无言默。

户掩微醺帘半括。淡月梨花，烛影姿约绰。翠配短裳篱梁破，金波淡转疏星阔。

指导教师：王宏伟

鹧鸪天·寒秋

◎2022 级 22 班　张哲铭

　　月下寒风一夜秋，小舟随影渐漂流。鸟鸣惊落霜残叶，半盏油灯雾里游。

　　愁未散，泪空流，几曾梦过洛阳楼。桌前萧瑟杯中酒，似水流年不敢求。

指导教师：王宏伟

如梦令·秋景

◎2022 级 21 班　于小晰

　　秋雨绵延不住，萧瑟寒流刺骨。丹叶染金风，霜降树枝飘舞。疾步，疾步，归雁更识云路。

指导教师：王宏伟

忆秦娥·繁星

◎2022 级 21 班　台俣博

望天幕，苍茫夜色星河路。星河路，无垠流影，纤尘心谱。

月明水碧萤连复，流星绚烂招人目。招人目，恰逢年少，奋极珍顾。

指导教师：王宏伟

相见欢·春

◎2022 级 21 班　续　日

杏芳柳绿桃红，海棠浓。丛草莺栖蝶舞亦招蜂。

时逐暖，人行缓，赏东风。只道春光无限莫落空。

指导教师：王宏伟

临江仙·午后

◎2022 级 21 班　李书瑶

　　午后微风寒尚浅，小楼独自品茗。新茶淡酒试新晴。凭栏远眺处，闻落雨星星。

　　湖上秋风梳洗过，照我似水柔情。云来云去渺无踪。恰山河静好，岁月亦从容。

指导教师：王宏伟

柳梢青·纸筝

◎2022 级 21 班　王　尊

　　春景青平，绵云剪影，嫩草柔情。午后闲来，听风望远，
漫步沙汀。

　　飞筝空远神轻，梦旧忆，蝶拥舞灵。水母沉浮，星君为
伴，共看飞萤。

指导教师：王宏伟

如梦令·地理课随想

◎2022 级 21 班　孟楚函

天地古今共宴，地理书中寻缘。星舞银河阔，夜语依稀万年。堪叹，堪叹，梦转千霓何见？

指导教师：王宏伟

清平乐·风起

◎2022 级 21 班　季昕宇

腾云烟涌，凝塞长空处。风卷林梢压草扁，更令尘沙乱舞。二三鸟雀争渡，酒醉斜奔寒屋。浩荡长风显戾，逼得树瘦花孤。

指导教师：王宏伟

凌云志（散文）

引　言

　　《文心雕龙》有言："繁采寡情，味之必厌。"唯真为善，唯抒真情为善。本部分所选的文章或写校园师友或写社会历史，其中凡人英雄、小事大功，人间城郭无不求真求美。小作者们评人说史、写情写理，不仅树立了少年的人格，展现了少年的精神世界和他们鲜明的个性，更大胆书写了他们心目中的"真人"和对家国天下真正的感情。心生而言立，言立而文明，这样的真情方让我们读来为之怦然心动、潸然泪下。

　　读这部分的作品，直教读者与作者共同跋涉江山万里，感受思想和真情实感于尺幅之内天马行空，浑然挥就斑斓锦绣的凌云之志。在这个被浮躁和功利浸染的社会里，小作者们用温柔的倔强

和坦荡的赤诚在年轻的生命海岸线上执
干戚而舞，为我们缔造出一个个文学的
奇观，更是真情的奇观、美的奇观。

比时间更沉重的东西

◎2021级2班　王铭浴

比时间更沉重的东西，是秋天，却没有鹤。

风高浩渺，舞尽末叶。

道旁的大杨抖动着影子，戴着鸭舌帽的女孩儿端着一台小小的摄像机，追着风声切下落叶的瞬间。

她按下快门，整个世界的红都被印进了一张相片，看不见的风声是红的灵魂。

悠悠的哨声是炊烟，淡淡的草木缀成香气。四周满是年轮的味道，沉静一如枫林的温煦。

蓝而高的天，依稀自由的云。光和夜都隐去，但相片却刻下了形迹。

相片下的世界，都藏在影子和光的絮语里。她能听到静止的声音。

于是，镜头是她的眼睛，如同她的灵魂属于遥远的星星。

火似的几片叶从天上落下，红得像是落日。把摄像机挂在胸前，她捡起一片枫叶，托在掌心里。

人可以踏进同一条河流，只要你相信相片里的世界长存。

永恒将栖身于刹那，于是每一个瞬间都得以永生。

归于过往，记录现在，静候未来。

相片是时间之外的东西。不属于时间，才能留住时间。时间和灵魂，两个无比平凡虚无但却无比沉重的东西压在了薄薄的相片里，从此不再流离。

从腰间的小包里拿出一张相片，把枫叶放进去，放回相片里那棵还在落着叶子的树上。枫叶似乎颤了一颤，又像是什么都没有发生。

风绕在女孩儿夹着相片的手指上，静静地叹息。

指导教师：王玉杰

常拥自由之风

◎2021 级 26 班　王　泽

　　风是自由的象征，常见却不常有，可息却不可熄。无人知其影踪，无人晓其面容。世间的一切被它尽收眼底，所以在风中便有了歌颂、有了抗争、有了思念、有了别离。

　　风总是蒙着一层薄薄的面纱遮挡真颜，我以为那是娇羞的少女在面对世俗的自保，但风轻吟着，在刮过美洲的美神雕像后骤然停歇。它想告诉世人，不仅美是无法定义的存在，自由亦然。众人眼中的风有各不相同的样子，千人千面般自由，没法儿被套上固定的枷锁。风是自然界最廉价的商品，它不像雨那样有季节的限定，也不像雷那样有气氛的约束，它平等地属于每个季节，作为不退场的常驻嘉宾。

　　野草在风中寻求庇护，它不懂外面的世界其实是一般模样，只认为是风把远方的寒冷带到面前，所以它向风祈祷并由衷地希望风可以不再为它而吹。野草并不指望风能事事有回应，可偏偏有求必应是风的行事准则。于是，初春的风常凛冽，春分的风常温和，世上最善解人意的女子也如此。柳树不喜轻微的风，它想风可以吹动它的裙角，故此它逢人便说正是清冷的风徐徐影响野草，才使其在春季萌发出嫩绿的新芽。野草信以为真。然而风深知苦难并不是生命的赞歌，值得歌颂的是藏匿于苦难背后生生不息的顽强拼搏，以及压迫不了、磨折不倒的精神。若是风不带有一丝冷气和煦地拂过田野和山丘，千千万万生活在风中的野草会安稳地度过冬与春，也许它们之中很难出现艳压群芳的一朵，但它们确实真真切切地见过了世间的种种。

山上的风怡然地流向山下，山下的风怀揣希冀驰骋向远方。它们是风，又不是风。对于芸芸众生而言，山前山后各有忧愁，有风无风都不自由。山上人自有山上愁，山下人亦有山下愁。山上人想要山下人的自由，山下人仰慕山上人的高度。一方有一方的逍遥，一方有一方的自在；一方有一方的遗憾，一方有一方的向往。山下人眼中只得看见飞翔在山上无拘无束的鸟，却不想山上人有时也羡慕他们悠闲自在的风。鸟易见，却不易得；风时起，却不常有。说来也是，大概就像大音希声，大象无形，真正自由而又美好的往往就是生活中最常见的东西，常见却不常有，笼中鸟即使神采奕奕地直视天空，天空也只能是它的向往。

少年时驰骋的风比黄金还珍贵。幼时，我踩着父母留下的足迹一步一个脚印地踏入他们想象的轨道。或许是跟其他人有所不同，很快我就在一次又一次的选拔中拔得头筹。于是，我开始慢慢地成了他们的影子，他们理想中完美的影子。一旦隐藏在完美之下的缺点开始浮现，就意味着他们存在于幻想的镜花水月随时濒临破灭，所以九十九分换来的不是鼓励而是埋怨。后来，不切实际的想法被现实消磨掉，先入为主的观念总是使他们误认为我还是"不一样的烟火"。因此当自我认知愈发完善后，就愈会与他们发生不可避免的碰撞，以至于日子就在一遍遍为你好的指责声中明目张胆地溜走了。他们不懂为何名列前茅的少年突然泯没于众人，我也不知为何和蔼可亲的他们突然如洪水猛兽一般可怕，矛盾在彼此的不理解下逐渐勾勒出一圈又一圈的年轮。

清风知人意。它深知少年的心与母亲的爱，故此它不合时宜地拂过少年的发丝，但它并未想要仅就这样摘取少年的忧愁，只因它清楚地知道解铃还须系铃人，晴空万里还是雨雪纷纷全取决于我的一念之间。于是，它擦去我眼角的泪。一瞬间，母亲泛黄的脸颊和弯曲的脊背历历在目，我仿佛看见了在雨里她为我撑起伞而半边身子裸露在雨中，我却因偶尔闪过的两三滴雨珠对她恶语相向。人与人之间做不到真正的感同身受，好比于世界上没有两片一模一样的叶子，没有谁能设身处地地理解他人。我们总是被眼前些许的自我得失给遮挡目光，忘却隐匿在故事背后的善。原来，生活在母亲的缝缝补补中变得越发美好。

故乡的风是有味道的，我不大能准确地形容这种味道，或许，它是与祖祖辈辈勾连在一起并不断延续下来的，它与千千万万土生土长的长春人联系，每个人对其都有迥然不同的想象。我常能透过风捕捉到记忆的碎影，一幕又一幕少时毫不起眼的画面在车水马龙的人潮中循环展现，伸手去摸，那些过往从未觉得值得留恋的瞬间顿时无影无踪，分崩离析的幻觉化作几只蝴蝶，寄托着无数人视若珍宝的回忆，悄无声息地消逝在风中。风就这样沾染上了世俗的气息。在未来的某一刻，风息了，可那些被风吹燃的众人心中对故乡的星星之火不会熄灭。它们散落于城市的每个角落，等待着与阔别已久的故乡再次相遇。

所有人都不愿承认，岁月列车行驶途中总会有人上车有人下车，他们自欺欺人地告诉自己，还像从前那样停留在原地，直至望向窗外恍然发现一些人的背影在风中消散。不论接受或不接受，一切都发生了，没法儿改变。轨道上传出如往常般巨大的摩擦声，好像盖过了离别的悲鸣声。车厢里空荡荡的，零星的两三个人也随时准备下车。列车行得很平稳，我忽然想到如果我可以早一点儿回头去看，故事会不会变得不太一样。火车爆发出一阵巨大的轰鸣声，前方的隧道黑漆漆的，我看不清楚里面的路。

我跳出窗外。快冬季了，或许在风中应该就能见到他们了。

指导教师：魏　来

窗外·城外·心外

◎2017 级 16 班　曹曦文

唐慕，字梦得，京都人士，父从商，家中颇阔绰。少离家，同友人寓居山中，以雅自居，惯有三嗜：诗、酒、花。自诩高洁不问山外之事，至性纯然，怡然自得。

慕所居之山偏南而多润泽，值梅雨季，则连月不开。一日入夜，雾云骤散，慕自室中推窗而望，月自天际出，盈盈如珠，莹莹如玉。慕欣然，取一斛珍酿，倚牖自酌。正酣时，忽见东垣下二三异色旁逸斜出，甚异之，几不信目，复视之，乃几株奇花，花瓣如婴之拳大也，色比雪犹白，虽月影清浅，晦明难辨，难掩其风华，隔十余丈，仍可闻得幽香，芳比杜若，形胜芙蕖。慕自诩为爱花惜花之人，未尝得见此类。

匆匆披衣向外欲撷之，至东垣，唯有青瓦残砖入目，前世如梦若变，花空灭余冷香焉。

此后连数日，慕固守东垣旁，食宿皆置于此，昼撑伞蔽雨遮阳，入夜则拥衾蜷于墙侧，恐不慎失花之日，友人见其形容枯槁，心力交瘁，怜曰："吾知汝欲此花甚矣，素闻城郊六七里有一亭名清风，亭有一老姬，览尽天下草木，不如求于此人，何愁不得。"

慕喜极而泣，连夜赴城外清风亭。天微明即至，亭中果有一老妪躬身事花草，约已耄耋之年，鹤发童颜，气质卓然。慕见之不由肃然起敬。谦恭诉明来意，描摹花之色状，老妪听罢沉吟片刻，少顷面露难色相询："公子居何处？"慕答："在下不喜喧哗，隐于南山寂静处。"

老妪曰："吾少时游历四海，曾得此花种，埋于地，久雨逢晴则开。开后须臾而落，若欲常得，还需居于市井间，沾红尘之气。"

慕初不信，谢罢携种而归，种于东垣下，细心沃灌，不敢稍息，月余初绽，确如老妪言，须臾凋矣。

慕爱其花甚，亦不忍适居红尘中，踌躇悲伤，心多郁结，竟卧病不起。

友人慰之曰："夫苟花恒华而不谢，则吾曹永存于世。花开花灭，无以引人动情。若此花之荣落方显生命之辉，爱之赏之，更显人于花木所惜之无尽也，世间转瞬息即逝者何其多也？苟得缘而会，皆生人心，怎能改易本心，曲意而强求弥合？"

慕恍然了悟，数月心结尽除，抚掌自叹："爱一花，惜重于得，茫茫天下，花已在吾心矣。"

如王阳明先生所言："你未看此花时，此花与汝心同归于寂，你来看此花时，则此花颜色一时明白起来，便知此花不在你的心外。"

若其不在心外，何故羡之窗外，求之城外？不如自视己心矣。

指导教师：田　宇

春 日 执 着

◎2018 级 4 班　姜宇威

　　人的执着，分好多种。对于梦想，或许实现了的叫坚持，失败了的叫固执。但执着却不被结果或外界所影响，人们总说环境改变生物，而执着却可以使生物改变环境，只要——我执着于我的执着。

　　春，四季之始也，亦是我灵魂的启程。我在春天种下执着，甚至可以想象它影响着我的未来：或许只是一直坚持做一件小事，或许无须像爱情那样轰轰烈烈，像窦娥那样惊天动地，像流行歌曲那样掀起狂热……只是简单地、如细水长流一般地改变人生的河道，一遍一遍地冲刷腐蚀，一次一次地孕育新的绿色，形成或高山瀑布、或潺潺小溪、或汪洋大海的不同人生。

　　心若向阳，何惧悲伤，心若执着，身无所固。我曾漫步于林间小路，曾无数次无意间瞥见石缝中的小草，那么平凡，甚而我写作文都不屑用它作素材，可这一次，我凝望着那么矮小的生命，感慨：我与它又有何区别呢。

　　"寄蜉蝣于天地，渺沧海之一粟。"我亦蜉蝣，我亦是一粟啊！同是那么渺小，但它却执意冲破泥土对它的束缚、石块竖立的屏障，在无声的战场上执着地生长、成长。这株小苗或许长不成参天大树，却可以生机勃勃；或许并不能艳冠群芳，却可以自韵天成。啊，我也是如此，我的成绩或许不是年级第一，我的作文或许不是那么使人感动，但我却可以为自己、为国家、为梦想奉献力量。

忠于执着。对于世间万物来讲，没有所谓热烈的固执，一切都是过程，一切都将过去，只要是坚持、不违心、不功利就好。就像三毛口中的那棵树，我也可以一半沐浴希望，一半扎根执着；一半享受风雨，一半热爱梦想；眼睛流激动的泪水，唇角勾成长的微笑。

面朝大海，春暖花开，不论那遇到了风雨的小草，能不能成就自我，至少它鼓励了一个迷路的少年。执意向前，以前的我不断寻找人生的意义、梦想的意义，后来我懂了梦想的实现，不是非要多么热烈。人生就是执着向前的道路，追寻梦想的道路，开始和结束只一瞬，而执着是最漫长、最疲惫，也是最有价值的一段路。

面向阳光，抬起头来，吟出自己：

春，我站在冬的门口迎接你

花儿对你笑出了粉红

而你，为我铺开了土地

芽，渐渐生了，念，慢慢绽了

我问你："淮南安在？"

你问我："种之名橘？"
我默然

混沌在一段时间里
我不爱做那场梦
混沌在那场梦里
我不爱找不到我的"橘"
混沌着找到了我的"橘"
却不禁更混沌
我要种的是"橘"
还是些别的什么东西
我问你，你却默然

啊
谁的花瓣兜兜转转
像心儿飘呀飘呀没了对岸
谁的风儿忽闪忽闪
似是脚步慌慌乱乱
不知不觉，后知后觉
走着走着，到站了
等着等着，天黑了
迷茫着迷茫着，挫败了
哭泣着哭泣着，坚强了
风涌着浪拍着，向前了

拥挤着拥挤着，湮没了

走走停停，磕磕绊绊
愈艰愈韧，从容平淡
不憾、不盼、不悔、不怠
不躁、不止、不夺、不懦

春风缓至
你问我："种之为何？"
我笑了："名曰执着。"

在这个一切都在变化的世界里，并非所有努力加运气，就一定等于成功，也可能等于一次失败和一次跌跌撞撞。我们可以慌慌张张，但绝不回头张望。我们无须在人生的时光中南水北调，也无须把人生当作一场赌局，好像活着就是需要我们赌上所有的骄傲。不必害怕，有人向我们扔炮弹，那我们就学会升级防御盾，有人给我们创造八十一难，那我们就练就出七十二变。

春天，土壤里的种子，我们，慢慢等待……

指导教师：王玉杰

过 街 老 鼠

◎2020 级 14 班　朱昕悦

"如果让我抓到老鼠，我一定会把它狠狠地摔到地上，然后踩住它的尾巴，还要……"

"就是就是！可恶的耗子……"

家在一楼，舒从窗户旁的书桌起身，刚想要关上窗帘后面的窗户，就听到外面的两个小男孩儿吵闹的、夹杂着些许"暴力与血腥"的对话。他拉开窗帘的手顿了一下，但又马上切换回淡漠的表情，摆出一副漫不经心的样子，继续他的动作。光稀稀落落地从窗帘缝隙溜进屋子，他见到两个男孩儿的模样。

有七八岁，正好是男孩子幻想成为英雄的年纪。

"喂，弟弟，你们见过真的老鼠什么样子吗？"

男孩儿被路边窗户里突然出现的人吓了一跳，其中一个胆子大一点儿的男生抢答说："没有是没有，不过我在电视上见过，而且我妈说了，老鼠都不是好东西！"

"那你们害不害怕？万一老鼠身上有病毒呢？"他突然想逗一下和过去的自己很像的两个"假想小英雄"。

"那有什么可害怕的，坏的东西就该去死!"两个男孩儿就这样，一边挥举拳头、一边吵嚷着走开了。

是啊，坏东西就该死。舒自嘲地轻笑一声，靠回椅背。

他也不喜欢老鼠，但他是因为什么而讨厌的呢？他闭上眼睛想了想，好像是他爷爷告诉他的。那又是谁告诉爷爷的呢？或许是爷爷的爷爷。他猜，也许最初的那个老人，就是因为家里的大米被老鼠偷去，于是气急败坏之下打死了"窃贼"，并且严厉地告诉子孙，老鼠是肮脏的罪人，出现就应当人人喊打。可能还会有一个没那么听话的孩子，就像当初的自己一样，天真又执拗地小声反驳一句"也有好的老鼠呀"。下场自然是老人的一顿训斥加同辈的讥笑，于是孩子变得听话，学着大人的样子去讨厌他也不知道为什么要讨厌的物种。

"坏东西……"舒轻轻念叨这几个字儿。

因为自己任性，七岁生日那天吵着要吃蛋糕，而让母亲不得不在大雨天骑车出去买，却再也没能回来的孩子，也是个不折不扣的"坏东西"吧。

是的，他也是罪人，是一个连同情自己都没有资格的罪人。

他想起小学的时候，那时的同学们似乎都急着同大家分享关于自己的一切。"我的妈妈特别酷！她总是买很多很多的漂亮衣服，还去好多地方玩儿。""我妈做饭特别好吃!""我妈妈很少骂我!""我妈妈……"

"小舒，你妈妈呢？"

"啊？我……我，我没有妈妈。"

"你骗人!""真的假的?""怎么可能!所有的小孩儿都有妈妈啊!"

"……"

从那一刻起,舒开始渐渐明白,没有妈妈的小孩儿是不能当小孩儿的。

所幸他遇到的同学还算友善,年龄渐长后学会了共情——至少是形式上的,会在路过舒时将关于母亲的话题转移,又或者是在体育课分组时故作热情地拉上他做活动。

这些他都看在眼里,也发自内心地感激这份善意——但是,连他自己也说不清楚为什么,他厌恶被人同情,也厌恶那些"居高临下"的怜悯。人可真是一个奇怪的物种,既渴望有人理解和关心,又不想成为别人消费善意的工具。

可他们的世界又总是非黑即白:善得纯粹,恶得彻底。人间美德之事,不自觉成为找寻自身优越感的寄托;而因为确信自己做过正义之事,所以面对"非正义"之事、背负"非正义"罪名的群体,往往有足够的底气给予"正义"的攻击,或有意或无意地维护自己"善人"的位置——因为正义,所以有资格不正义。

哪怕是一只生活在城市老城区下水道的老鼠,因为一份代代相传的罪名,就值得本应天真无邪的孩子的所有恶意。

然而世间复杂,善恶流动,没有人能永远正确。

困在牢笼中不见天日的老鼠,和成为牢笼而不自知的铁丝,究竟哪一个更可悲?

算了,谁知道呢。

舒放弃了对人性的揣摩，揉了揉眼角，打开手机。

他小心翼翼地跨过网络中一个又一个或褒或贬、或善或恶的评论区，活像一只在墙角裂缝中快速移动的老鼠。

指导教师：张继辉

海畔痴语

◎2000级2班　仇　实

　　我亲临过大海，那在夜中呻吟、咆哮的大海。

　　宾馆的对面就是海，涨潮时，海水漫至公路边，很近。晴朗的夏日中，海显得格外浩瀚。一时间竟不知该如何形容。就只能眺望，眺望那些可见而未知，可望而不可即的遥远的幻象。一阵畏惧不觉由心而生，畏惧这甚是空虚的矛盾。

　　有人说，海是天的儿子，可此刻，海却显得更为伟大。抬起头，看看天空，称不上深邃，称不上无垠，却在海的映衬下显得壮阔空旷。然而天好蓝，纯真得不好比拟，像是调色盘中蓝与粉的结合，淡雅中透着暖意；又似年少的春梦，那般虚幻遥远。天究竟有多大，我不知道，只见得它的宽广豁达能承载无尽的悲欢离合。有时，些许的云气游荡在明澈的天宇，伴着轻软和煦的风，徘徊。

　　倏然，几只海鸥破空而过，无味的嘶鸣，抱怨着海与天的寂然静谧。它们飞走了，飞向了海的尽头——与天相吻的地方，没有回来。它们只是过客，无法打破海与天的约定——缄默无语。

微风是无法卷起冲天巨澜的，于此，海依旧沉默着，像时间的老人，在流逝的日子中见证着，在岁月的更迭中注视着，阒然无声。可是，海上仍有着跳跃的浪花，拨动着寂静的旋律。

　　海中喧闹的游人，自诩为征服者，恣意地享受着海的博大。而海，早已习惯宽容。

　　天渐晚，天在海的映衬下，显得可怖。两者动人的颜色也变得暗淡阴森。

　　黑夜中的海丧失了理智，变得疯狂。仿佛是位音乐家，用厌世的手，奏出无穷尽的爆裂乐章。那声音振聋发聩，终把整日浸在充满爱欲挣扎的靡靡之音中的尘世生灵解脱出来，重聆自然之声。

　　疯狂过后，是理性的光辉。

　　上而玄者，世谓之天；下而青者，世谓之海。海与天筑建了无极与支派，向人类灌注着，以包容兼济天下，以克己行于他物。这光辉照亮了整片海，那般明净。

　　不知不觉，起浪了。卷得很高，冲向任何阻挠，哪管孰强孰弱，就是要打破不战而退的宿命，就是要用坚毅击退一切阻挡，无愧为执着的斗士！

　　憩于海边，一段话突现于脑海："钢琴上，你确切地知道88个键就在那儿，错不了。它们并不是无限的，而你，才是无限的。"可我面前的海，除了尽头，什么都有。等待着我的，是一个没有尽头的键盘。我又怎能在这样的键盘上弹奏呢？那是上帝的键盘。

荧影星空下，我缓缓站起，转过身子，任海风吹拂我的面庞。我要走了，离开这里。那些片刻的痴语和旧梦，也愿它们，随着海风与海浪，自由而逝吧。

指导教师：李沙菲

还　乡

◎2017 级 2 班　焦碧莹

海德格尔说："诗人的天职是还乡。"

这样的一个群体，矛盾而又统一，自由而又压抑，清醒而又迷茫。他们所谓的"还乡"是过程而非结果，他们的姿态永远定格于"在路上"。驱动这场没有尽头的跋涉的动力分为两类：一类是外因，即"环境所迫"；另一类是内因，即"自我放逐"。

用这个逻辑来看中国古代文坛的成员群像，很快能找到两类代言人：遭贬者和隐士。

这是一群碰壁者，边缘人，是一群官场制度之下的失败者，是一群在突围状态下让精神与现实擦出火花来的徘徊者。他们在"还乡"，在寻找那个出发点，那个能让他们重新尝试，找回初心的地方，那个精神内核浓缩成的点，那个"此心安处"。他们各自的"乡"是不同的，这决定了他们在路线上的分道扬镳，在终点上的天南海北，在心境上的今非昔比，在人生定位上的迥乎不同。

在这个群体中，遭贬者占据着多数席位。

毕竟所谓文人，首先是"学而优则仕"的书生。毕竟千古文坛，迁客骚人远远多于隐士。毕竟诗人们大多不甘心"独善其身"。哪怕人人的"乡"都有不同。大多数的还乡者们还是把出发点锁定在了官场体制之中。因此，外任力求京官的位置，流离者苦等召回的消息，欲隐不隐的失意文人翘首盼望被起用，被贬谪的"游戏"输家们则试图更换方向以"还乡"。

襄阳的孟浩然，借隐扬名愈隐愈显。而成熟的输家们不会使用这种方式。他们隐不起，也不敢隐。他们宁愿否定之前的足迹，来换一次重回起点。他们的"还乡"是一种半自愿的倒退。于是有了白居易，和他的《琵琶行》。

文人文风大转折的例子绝不罕见，中间的分水岭最常见的便是遭贬。物质世界带动精神世界，是文人惯例。白居易首先是个官员，其次才是诗人。他有他作为官员的理想，那才是"乡"，是他一生归宿的地方，是推他拉他前行的力量。他的生命分水岭是鲜明的。作为诗人，前期是《观刈麦》《秦妇吟》。后期是《长恨歌》，是一些随笔信手的小诗，是晚年的几近封笔。作为官员，前期是三十五岁的县尉小官，是司马闲职。后期是从二品的太子太傅，享了四十年的清福。

他重新开始了。他曲笔写轻狂，"秋月春风等闲度"；他半遮半掩表明态度，"江州司马青衫湿"；他瞻前顾后地用那支写了无数讽喻诗的笔写"予出官二年，恬然自安"。他的还乡是回归体制，为此他必须有舍弃。他换了一条路。前期他直言力陈，是文坛上犀利的一支笔。后期他少力作多实事，调离苏州时万民哭送。刘禹锡写诗：苏州十万户，尽作婴儿啼。

萨特说："人是人的未来。"弗洛伊德反向强调："人是人的过去。过去是抨击，未来是佳政。"白居易在"《琵琶行》时代"收敛了锋芒，走向回归，走向"还乡"，走向重新开始的可能。

他是理性的，他的诗人身份服务于理想。

如果说白居易的"乡"是外在的，那么与之相反的苏轼则在向内"还乡"。"笑时犹带岭梅香。试问岭南应不好？却道，此心安处是吾乡。"当他万里跋涉，颠沛流离，很可能会想起这阕早年填给友人的词，苏轼的一生行路无数，被贬黄州四年半，"上可以陪玉皇大帝，下可以陪卑田院乞儿"。六十岁贬惠州，"不辞长作岭南人"。六十二岁再贬儋州，"我本儋耳氏，寄生西蜀州"。两度杭州做官，他自称杭州人。他的爱乡出了名，却又把常州当作第二故乡。

"来往一虚舟，聊随物外游。"

他的为官生涯更有戏剧性：半年之内七品升三品。四十余年为官，八个州的太守，八个州的副守，八年的高官，十余年的罪臣。然而他写："问汝平生功业？黄州惠州儋州。"

向"内"还乡的人，只要心不死，"乡"的形象就永远鲜明，生命就永远欣然充满张力。他所追求的在内心、在精神，因此无所谓外界的侵袭。陶渊明晚年迫于生计放下田园闲逸，"饥来驱我去，不知竟何之。行行至斯里，叩门拙言辞"。白居易为了回归体制抹杀了自己的半副文笔。苏轼没有这样选择。"莫听穿林打叶声，何妨吟啸且徐行。"他行路极辛苦，便是在饱满的精神行囊支持之下，"谁怕？一蓑烟雨任平生"。

荷尔德林说："充满劳绩，但人诗意地栖居在大地上。"

他离精神之"乡"足够近，近到可以随时守望："归去，也无风雨也无晴。"他的还乡路看似轻松，但那是由于他一刻不停地抒"乡"背在身上。没有放下过，一旦放下那沉重的精神核心，苏轼便成为苏东坡。他随时"归去"，归入艺术、哲学、宗教、美学。尼采说："艺术是生命的最大兴奋剂。"苏轼的每一次"归去"，每一次"还乡"都是为自己的生命回注，以至于遍地为乡，遍地佳句。以至于"也无风雨也无晴"，以至于"自要闲飞不作霖"。

王安石评价苏轼："不知更几百年，方有如此人物。"

而隐士的代表，首推陶渊明。

用历史的眼光来看，这是个超前派、行动派的奇人。他明确了千年文人都不敢考虑的问题：所谓的"仕"是职业而非事业，是任务而非追求，是一种人生选择。但也仅是一种选择而已。他不把它当作"乡"，相反把它当网、当羁绊。他的思乡是"羁鸟恋旧林，池鱼思故渊"。他的还乡是"载欣载奔"，他向往的是田园，是桃源，是"平畴交远风，良苗亦怀新"。他的"归去"是必然的结果，是他"还乡"的首要条件。"觉今是而昨非"，他从不是因官场上颜面受损而回家的负气者形象。"寓形宇内复几时，曷不委心任去留？"

荷尔德林语："思想最深刻者，热爱生机盎然。"这句话，海德格尔再三引用。

"隐"与"显"是相对概念。陶渊明在世中的"隐"恰是他在世外的"显"，对官场的"隐"是他内心世界的"显"。苏轼评价他："欲隐则隐，不以去之为高。"

"既窈窕以寻壑，亦崎岖而经丘。木欣欣以向荣，泉涓涓而始流。"作为诗人，他必定只能是行路者，但他已经在那个时代里竭尽所能地接近"乡"了，这解释了他的清淡恬然，他的"欲辨已忘言"，他的"一醉一陶然"。能够大步前行，"息交绝游""良辰孤往"的诗人是快乐的。"归去"之路，"还乡"之路上，方向明朗的诗人正"带月荷锄归"。

生存与生存是不同的，生存的展开与否是海德格尔哲学的中心思想。生存的单向维度展开是最突出的、最凌厉的、最执着的，最能造就诗人的。单一的维度指向"乡"，不同的方向铺展开文坛的立体大格局，失意者们在文字世界里以退为进，向"乡"的心，艺术井喷。

方向铸就生命轨迹，"还乡"是逆境赋予的生存弹性。不同的是足迹，同样的是负重前行的坚定。胡塞尔说："对象之所是，取决于投向对象的眼睛。"

诗人之"乡"是有生命张力的，低沸点的，千万年燃烧不尽的，贯通在文字中，照亮时空维度。

指导教师：田　宇

江南水乡

◎2018级20班　胡昕冉

"我谢绝了二十世纪的文明产物的火车，不惜
工本地坐客船到杭州，实在并非顽固。"

——丰子恺

犹记千年亘久的万家灯火，揉碎了酝酿的烟火气，池底徜
徉着往来翕忽的游鱼。日光漫漫，人影生长，好似初晨氤氲了
几里长的锦簇，惊扰了栖息于林梢的剔透清露。村野升起袅袅
炊烟，晕染了人间妆面，打翻了油盐俗物，沾染了岁月的柔情
蜜意，已为今日极难寻的景致。

路过之人，傍午散着步，每每徉踏四步，扛把罗扇，扑扇
几下，清风过耳。抑或沿街道踟蹰，来回地踱几下步，倘若无
甚急事，多耗一天，便可游遍此地，撷花赏景而沉溺其中。或
忙里偷闲，搬个小凳往门外一坐，微风惬意。

我曾走过西湖，湖上的小舟系住了我的衣袂，使我迈不开
脚步。千百年来的故事如同青烟，落雨湖面，风轻轻一吹就散
了。碧波荡漾，垂柳拂风，影映湖中，水面宽阔，波光潋滟，

犹如画卷。疏影横斜，远映西湖清浅，白昼喧嚣散去，少了人声喧嚷，只留一分宁静，鱼沉水，鸟还巢。绿树环绕，守着这一方静谧。

来到西湖，坐上游湖的船，不管是导游还是船夫，他们第一个要带你看的景观定是三潭印月。你观西湖时，第一个让你发出赞叹的也必然是它。当你坐在船上远远地看那三潭印月在朦朦胧胧的雾中被衬得格外神秘。

西湖的美，美在四季更迭。临安初雪断桥残，白堤柳条上雪妆。时光流转间，那个吟诵"大江东去，浪淘尽，千古风流人物"的伟人，正被百姓簇拥着款款走来。东坡重水，实为重民。他说："杭州之有西湖，如人之有眉目，盖不可废也。"他指挥着人们盖水井修苏堤，如今的苏堤早已是西子湖上一道美丽的风景线，东坡肉的香味也飘满了杭州的大街小巷。能与苏堤齐名的便是白堤。你听，他说："江山与风月，最忆是杭州。"他说："江南忆，最忆是杭州，山寺月中寻桂子，郡亭枕上看潮头，何日更重游。"一千年过去了，我们看到的依旧是绿杨阴里白沙堤，只是这浅草没能没过马蹄，却没过了我的双脚。

"三十功名尘与土，八千里路云和月。"800多年前岳飞被害于南宋临安风波亭。忠良被害最不平的还是百姓，百姓冒着生命危险，把岳飞的遗体背出城，岳飞的墓旁有一棵精忠柏，象征了岳飞的民族精神！总有英雄挽狂澜于既倒，扶大厦之将倾，这是中华民族的伟大气节！他们的故事都被记录在杭州的地方史册上，永远传颂在人们口中。

"长衫纸扇先生说书到几段？满江血染忠魂英雄在流传，马蹄轻踏南朝已渐行渐远，散尽繁华转眼已变淡。"渺小的我终究是杭州的过客，是历史的过客。杭州不似上海般繁华，也不及乌镇之清幽，这儿的生活节奏刚刚好。街边的面店飘出片儿川的香味，传得好远好远，巷子里传来断断续续的悠扬的歌声，不紧不慢。"人间有味是清欢。"这个时代的清欢洋溢在市井烟火里，我也融入其中。

这座城市正在以它独特的方式蓬勃发展，焕发生机。它蕴含了悠久的历史、百姓的疾苦、社会的风俗，折射出各个历史时期的众生百态，岂止是识别山水之名、街巷之名哉。

杭州，那些年未曾被打扰，是慢得下来的，悠然自得的，是甚多的。或许某一天，我们能慢得下来，选择骑着单车，或者坐坐小船，去慢悠悠品味途中的景色，而不仅是为了快速抵达终点。

江南水乡之中，万里星河之下，连接着历史悠久的过去，承载了往后漫长又斑驳的岁月。

指导教师：付　强

落　雪

◎2021 级 14 班　赵俊然

一

窗外，雪花飘落，阒然无声。

这也许是今年的最后一场雪了，或是出于不甘，雪下得有些凶猛。我坐在靠窗的位置上，黑板左边的倒计时浮在天空里，慢慢被淹没。看那些明亮得略微刺眼的红字消失，实在是一件开心事，可一眨眼，雪花便重新开始聚集了。

月亮悄悄地滑进教室里，像是在迎接即将到来的铃声，那声音清脆而悠远，透出一股子故事终章的味道。装好书包，我推门离开，将自己置身于这场盛大的白色荒漠中，幻想在那弥天大雪的深处，有一朵永不凋零的红色小花。

于是，在北方零下十几摄氏度的春天里，一个身披白袄的少年，走进了落雪……

二

人潮汹涌的闹市，是我寻觅的第一站。

这里一如既往地嘈杂，不过有些时候，耳边的聒噪反而是一种令人舒心的喧嚣。从小吃街溢出的烧烤味和其他好些味道搅在一起，给翻飞的雪花镀上一层金黄。我就浸润在冷冽与炽热交融的地方，慢慢向前走，企图在这座城市的中心找到那朵红色小花。

大概是光影的缘故，雪仿佛在变小。我觉得自己已经走了好些时间，一个摊位一个摊位地走，不放过任何一个角落，可始终没见到那抹梦境中的红色。难道它害怕我会摘掉它，躲起来了？那它就大可放心了，我只是想看看它，远远的也行，绝无伤害它的意思。

也许是它过于羞怯，抑或我在大片的落雪中迷失了，在那些摇曳斑驳的浮影里，我错失了在此地与它相遇的机会。

于是，我离开了这个伤心地。

三

逆着人群，我来到了第二个地方。

那是一处难得的静谧之地，至少在这样的雪夜是如此的。公园里的花还没到开放的时候，我想，找到它应该还算容易。

雪越来越小了，落在鹅卵石铺成的小径上，像是结了一层银白的霜。小径旁淡淡的泥土气息透过歇在上面的薄雪飘到我的近前，让我确信它就在附近呢。不远处的湖面上停着一座石桥，站上去，可以看到深邃的湖水和一串若隐若现的小亭子，夏天的时候，大片大片的荷花就开在那些小亭子周围。

我就静静地注视着周遭的一切，良久，才从石桥上下来。

绕湖走了一整圈，我甚至看到了深黄色的、破冰而出的冰凌花，却是没发现半点儿红色的影子。

大概，它又跑到别的地方去了吧……

四

出发到现在，已有将近两个小时了。我沿街漫步，走进了一家还亮着灯的饭店。

老板是个略微发福的中年男人，还有一个二十出头的小伙子在店里陪着他。两人似乎是父子，我不敢确认。尽管他们长得很像，性格却是迥然不同——老板热情地和我聊着家常，那个小伙子却始终缄默。

我要了份串烧，老板见我一个人，还穿着校服，便问我为什么这么晚出来。

我就把找花的事告诉了他。

沉默半晌，他开口道："我曾经梦到过你说的那种花，只不过，我那株是蓝色的。"

又是半晌沉默。

"那是好久以前的事了。"老板用他那种独特的口音讲出这句话，声音越来越小，像是一台老旧的留声机，"以前在中学听到过提琴，就想学，但那个时候……唉，没办法……"

我问老板，现在有钱了，怎么不买一把练。

"不练了，不想练了。"他的声音平静又零散，直击过往。我坐在窗前，看着天空中残存的雪静静落下，想象年轻时老板的样子，想象在几十年前的雪夜里少年拉琴的样子。

走出小店，我回过头，隐约瞥见一个年轻人翩翩起舞，左腿上泛着金属的光泽。

五

雪停时，已是深夜了。

我踏着平整的落雪，到家时，身后是一地的凌乱。忽而想起一个传说：在遥远的极北之境，每下一场雪，都会有一棵松树枯死，一朵小花盛开。

那天夜里，我做了一个长长的梦，梦见一个白衣少年身披斗篷，向着极北之境飞驰而去。他穿过森林来到一个幽蓝的大湖边，湖水自动让出一条通道，直达湖底。

在湖底的最深处，一株红色小花正静静盛开着。少年在它旁边坐下来，默默看着它在风中摆动，落下轻轻一吻……

指导教师：杨治宇

蚂蚁与马蜂

◎2017 级 2 班　刘沐尧

我曾经故意踩过蚂蚁。

黑压压一小团活动着的生命，穿着自以为坚韧的铠甲，正有条不紊地过着再普通不过的一天。它们中，或许有统御种群的蚁后，也有地位低下的工蚁；如果它们有感情，或许某一只正为天大的心事郁郁不乐，某一只则正享受着难能可贵的欢愉。

当时的我太小，没想这么多，也想不到这么多。纯粹因为好玩，我兴奋地踩了下去——一脚一个，见到一个踩一个。顿时，上一刻的高贵和低贱都失去了意义，上一刻的喜怒哀乐也都化作了飘散的烟云，剩下的只有一片被压扁的尸身，连哪个是哪个都分不清。

它们什么也没有做错，只因我的一个念头，便全丢了性命。我比它们强大太多，它们即使拼尽全身力量抵抗，也终究难逃厄运。

这群蚂蚁的处境，和古往今来书里书外数不胜数的小人物，何其相似。

小人物无法决定自己的命运。

在"父母之命，媒妁之言"的准则下，不知有多少为情殉命的刘兰芝与焦仲卿；在吃人不吐骨头的封建礼教之下，不知有多少命途多舛受尽鄙夷的祥林嫂；在处处压抑令人窒息的社会背景下，不知有多少谨小慎微、只因一点儿意料之外的关注便郁郁而终的别里科夫。他们孝顺明礼，坚贞刚烈，任劳任怨，恪守规章，他们什么也没有做错，小心翼翼地遵从着时代的约束。但时代却毫不留情地杀死了他们，杀得干脆利落，仿佛只是掸去一粒碍眼的灰尘。

这便是小人物的悲哀。他们的生死不足挂齿，"活该"死得糊里糊涂，不明不白。

许多精神上的大人物，在当时的社会背景下，何尝不是小人物。

伟大的爱国诗人屈原，用自己的生命谱写了悲壮震撼的诗篇，在历史的长河中，他无疑是文坛骄子，精神楷模。然而一切赞誉都是后人的评价，当时的他，只是一个报国无门走投无路的士大夫，虽身居高位，眼见民生凋敝却无能为力，只能把身体浸入冰冷的江水，让灵魂得到永久的升华。挥毫写下《赤壁赋》《定风波》的苏轼，用洒脱豪迈的气魄感染着从古至今身处逆境的人。但在面临牢狱之灾之时，他只能听天由命，生与死，只能取决于帝王的一念之间，如果没有被赦免的幸运，那些震撼人心的诗篇，甚至没有问世的机会。刘禹锡连遭贬谪却能泰然处之，用精神上的富足弥补着物质上的匮乏，

《陋室铭》《酬乐天扬州初逢席上见赠》等作品，无一不在彰显着他超脱的精神世界。然而他能做的，最多只有安于不公的命运，他在妥协、在退让，他不想，更无力负隅顽抗。

无关身份与地位，无关痛苦或坦然。小人物面对命运的挑战，只能走向毁灭或走向屈从。

难道真的只能这样吗？

是的。只要你是小人物，无论世界喂给你的是珍馐佳肴还是铁钉和碎玻璃，你都要一口一口嚼烂了咽下去。弱肉强食的丛林法则，不过被人类换了个文明包装，残酷的本质从未变过。

因此，小人物唯一的出路，便是让自己强大起来。

有的人一生下来就是大人物。古代世袭的帝王和官爵，无论开明还是昏庸，无论腐败还是清廉，史册上都注定会留下他们存在的痕迹。他们一出生，就站在了有些人穷尽一生也无法达到的高度。这的确不公平。但我们更应该看到，舜发于畎亩之中，傅说举于版筑之间，胶鬲举于鱼盐之中，管夷吾举于士，孙叔敖举于海，百里奚举于市；我们更应该看到，毛泽东从普通的学生变成领导全国人民解放的领袖，马丁·路德·金从平民变成领导黑人运动的先驱……无数成功的例子告诉我们，小人物点起星星之火，其光亮也可以照耀一方，一旦整个世界都为之燃烧，小人物便浴火重生。

不是所有的反抗都能得到结果。大泽乡起义失败了，陈胜吴广双双死于非命；戊戌变法失败了，六君子为理想捐躯；巴黎公社运动失败了，数以万计的反抗者在一周之内纷纷殒命……然而，起义加速了秦朝的灭亡，变法促进了人们思想的解放，运动鼓舞了更多人为革命英勇奋斗。

历史的进步，需要一群群小人物的不甘与愤怒，决心与勇气。如果人人都是追随者、顺从者，历史便只能原地打转，个人的痛苦，社会的弊病，一分都不会少。

马蜂会把尖锐的刺留在入侵者体内，用自己的生命留给敌人一个惨痛的教训，使其对蜂窝敬而远之，从而保护整个种群的安全。愿世间的小人物，在大难当头之时，能有马蜂一样的勇气。

指导教师：田　宇

墨安桃李负芳菲

◎2015 级 16 班　孙莺桐

　　"他呀，怕是那墨块里的妖精！"这是奶奶对爷爷的笑称，其实也不无道理——亲友皆知爷爷爱墨成痴，好像只需闻闻墨香，便神清气爽了许多。爷爷三分之一的生命是握着粉笔度过的——准确来说，是本应握着粉笔，可他却以宣纸替了黑板、以毛笔替了粉笔。诸如此类，不胜枚举。

　　小时候的我喜欢爬上椅子，伏在巨大的红木桌前，看着爷爷描摹自己心中的人间。朱砂、鹅黄、胭脂，一朵朵明艳的花卉跃然纸上，可我却总能在这样一幅奇景中看到一只蝴蝶，那是完全以墨染的蝴蝶。"爷爷，你为什么要在花间画黑蝴蝶呢？多不协调啊。"爷爷一顿，宣纸霎时被浸透，水痕墨色层层漾开。爷爷不由得扬了唇角，半开玩笑地反问："没有蝴蝶，哪来那么多鲜花呀？""怎么不画粉色的？偏要用墨吗？"爷爷望着我，又像望着更远的地方，轻轻叹了口气："花色过于轻浮，墨承载的东西才最多……不是吗？"一滴墨再攀不住毫锋，又在纸上拢了黑雾。

　　那时的我懵懂无知，现在翻看爷爷留下的画，凝眸细阅花中以淡墨勾勒的痕迹，好像有什么渐渐涌了上来，它不争不抢，甘愿收敛锋芒，虽为桃李，却无花香。爷爷是把心交给那墨了，所以才能将一生汇入墨痕。

爷爷常常自嘲，明明书法技艺不精，却还是喜欢写。我可不这么认为，爷爷的字苍劲、深沉，提笔运腕间，笔走龙蛇，动作行云流水，毫锋缠绵，倒当真是百炼钢与绕指柔的完美结合。或浓或浅的墨究竟沉淀了多少？不知不觉中，爷爷以墨诲人，润物细无声地为我点染了一个清宁的新世界。

爷爷与奶奶天各一方了许久，直到"文化大革命"后才得以团聚。爷爷在分别的十几年里育得桃李芬芳，还为此负了奶奶，却因一朝"文化大革命"，心变得茫然无措。也是那时，爷爷重拾笔墨，小心翼翼地守护着这份念想。后来奶奶故去，爷爷虽未表现得多么悲痛欲绝，可是自那以后，爷爷的笔下便只剩一种花——桔梗花，那是奶奶生前至爱，花语是"永恒的爱"。也是黑色的桔梗花，或许只有墨的颜色终成了他眼中唯一、仅剩的色彩吧。

此时还是，泪墨书成，未有归鸿。爷爷亦是那墨，散遍了桃李，又负了芳菲。

指导教师：杨　威

暖一杯时光邀风月

◎2018 级 4 班　孙嘉伟

晨理茶花夜酌酒，淡漠奕世尽风流。

——笔者

我醉欲眠卿且去，明朝有意抱琴来。

思归，难归；欲眠，无眠。

不必烈酒狂醉，亦不需清酒无味。没有金殿辉煌，举杯邀月也好。微微醉意的时候，整个世界只剩下自己。喜欢凝视斟酌时的杯沿，紫红色的澄澈，缓缓离落。不知为何，嘴角微扬，目光迷离。

从来习惯孤身一人。无所谓孤独，只是不知该将心事，诉与谁听。也许唯有此时，美好的、失落的才不再那么重要。想唱曹植的酒诗，想吟李煜的凝望。过往浮世寻沐，涌进心间，只是无奈和悲泣，终于学会了放下。

月满一江水，前世莫追。

霓虹光影间，仍留恋的余味。

无人的街沿，挽起袖管吐露烦闷。凉。一点、两点，然后是整个世界。在雨夜中闪躲，街角的咖啡店还燃着古谧的灯火。点一杯热巧克力，寻到靠窗的位置坐下，紧紧握着手心的温度。客人不多，昏黄的咖啡厅洋溢着安详。玻璃窗映现若有若无的火焰，隔开了世间冷暖。

　　忽然不想等待夜雨停住，留恋着暴风雨中的容身之地。杯中的巧克力，暖，甜。幻想着心中的谁轻倚在身边，一言一语，一望一笑，亦该是这样的甜暖啊。可这一幕不属于我，我只能满足于手心的温热。

　　汽笛声，遥远地带走归家的游人。

　　留下悠长的夜。

　　幸得识卿桃花面，自此阡陌多暖春。

　　一座落花翻飞的石亭，一条曲折寻踪的小路。一场春雨，刚刚润绽初春的嫩芽。纯白外套、竹青衿袖、腰一绢衣带随风。石台上落花煮茶，纵奕世繁华，此时只诉风月。拨弄着乔庄上悠扬过的古琴弦，等候约来的红颜知己。

　　三月春风，悠悠抚弄鱼虫；

　　花猫逐尾，转瞬不见影踪。

　　亭台回眸，微雨点滴，满眼青风疏叶，茶香清欢，心染音弦。佳人煮茶，流水岁月。

　　无意间，瞥见你眼里的喜悲霜雪……

　　如梦而过的光阴，杯盏间的离合悲欢从未走远；每一种味道，每一个温度，多年以后，再相遇，仍然似曾相识。

暖一杯时光，邀风月……

指导教师：王玉杰

山 远 成 云

◎2020 级 14 班　刘雯琪

　　你前几天看见过一个老头儿在天上飞吗？见到一个中年大叔拿着鸡腿在地上追吗？

　　你见不到。地球太大，你不知道他们在何方；地球太小，你无法抵达他们的宇宙。

　　天上飞的那位是我的爷爷，他的动作很潇洒，身形很帅气，只是飞行的器具总是不同，有时候是脚踏一朵白云，有时候是骑鹅，有的时候就是坐在一个纸箱子上，但是没见过卡夫卡的买煤的铁桶，也没见过孔丘先生的出海的木排。

　　地上那位大叔应该是我爸，两百多斤的身子，满头大汗，手里还举着一根热气腾腾香气四溢的鸡腿，笨拙的脚步倒像是一只真正的笨鹅。

　　飞在天上的爷爷有时候会俯下身来看看爸爸，和他讲讲当年在重庆造大船的故事，"你不知道那船有多大！那可都是我拿着尺子、画板一点点计算出来的，那时候哪有什么计算机？"

　　"后来呢？"爸爸看着鸡腿掉了一块肉，上面隐约有两个牙印，脸上居然露出了神秘的微笑，"后来那船下水了吗？"

"后来，后来我去了平顶山，平顶山好啊，我那战友现在还给我打电话拜年呢！"他的眼神忽然变得有些迷离，或许已经从高空平流层到了对流层，强大的空气流让他有点儿睁不开眼，说话的声音也仿佛被风给掩盖住了，时断时续，传进地面上爸爸的耳朵里，都不甚清楚。

不过老爸还是没有放弃，手里的鸡腿已经消失一半，这时举着的仿佛不是鸡腿，俨然就是一把火炬，为爷爷着陆做着准备。

着陆前的过程甚是惊险，仿佛神舟飞船回归地球前那几分钟突破大气层时无线电的静默。

"隔壁养牛的老杨让我去给他喂牛，说一个月给我八百，我说我不去……"这是落地前爷爷说的最后一句话。

空中的火炬快要燃尽，只剩下光秃秃的一支火把杆了，它的燃烧给了爸爸希望，也让爷爷的脸色越发红润，空气中安静得很，窗外的喜鹊和窗台上的小猫隔着玻璃打架，老猫陷在沙发里打着呼噜。

昨天上午爷爷没有飞行任务。

"天气不好，不适合飞行。"爸爸笑着看着爷爷。

"三月的天，小孩子的脸，说变就变。"爷爷看着天，声音洪亮，吐字也格外清晰。

"今天适合理发和洗澡，儿子你来打下手。"爸爸没等爷爷说话，看了我一眼便自作主张地出去取工具了。

"头发长了不少，还是剪短了精神。"爸爸自诩自己剃头手艺高超，我可从来没让他试过，猫都不让他剃毛，只有爷爷肯让他理发。

说是打下手，其实就是帮着最后扫扫地上的碎发，所以此刻的我只能算是看客。

"小区门口那个老太太理发也涨价了，原来五块，现在六块了，有点儿欺负老头老太太啊，这回好，我在家里剃了，她连五块都挣不到了。"爷爷低着头，配合着爸爸的理发推子的方向。

"这一年咱可就省了 60 块了，干啥不行？"爷爷又说。

"爸，你别动。"老爸有点儿急，我瞥见他推子往里一进，就好像刚买的豆腐被勺子舀掉一块儿，头上出了一块洼地。他以为我看不见，挪弄一下肥大的身体，角度刚刚好，挡住了我的视线。

"好吧，后脑勺那一块别人也看不见，干吗还要躲着我？"我有点儿不屑，心里想想就有点儿愤愤。

"儿子，你来扫地，我陪你爷洗澡。"

浴室的门关着，热气冲不出来，水声却可以隔着玻璃拉门飘到客厅，连着水声的，还有爸爸"往左""往右""抬头""转身"的指令。一听就不专业，搓澡师傅哪有指挥客人的，都是随弯就弯，由着客人的姿势，自己改变方位去搓，这可好，还命令上别人了，也就爷爷听他的，这要是我给他搓澡，跟他这么吆喝，估计他早就该怼我了。

不过想想这二百来斤的硕大身躯，在狭小的浴室里蒸着，再来回挥动搓澡巾、毛巾、洗发液、肥皂、剃须刀……那景致一定极其壮观，不敢想象！难得今天爷爷没有"飞行"，好好待一天多好！

下午的时候外边天气转晴，老爸因为搓了一顿澡累得血压升高了，自顾自地睡午觉去了，爷爷又要独自去飞行。我没看见他"起飞"的瞬间，但是从小区门口的超市买饮料回来的路上，却忽然看见了正在"飞行"的爷爷。

此刻他是坐在一摞纸箱上飞着。那些纸箱码得整整齐齐，虽然只看到一个个压扁的薄薄的侧脊，我都能认出来：最下面那个是牛奶的箱子，第二个是老妈网购鞋子的包装盒，第三个应该是我爸喝过的酒的包装盒……上上下下一共七八层，拿床单撕成的布条系着，横二竖二，捆得像部队战士的行李。爷爷端坐在纸箱上，就在我的眼前缓慢地飘过，我掐了掐大腿，这是下午两点一刻，确定不是我在梦游，飞行员同志没戴头盔，也没有穿飞行服，只穿着线衣线裤，披了一件外衣。正对着小区门口大概二十米远的地方就是个废品回收站，但是这七八层纸壳盒做的飞行器明显承载不住爷爷本已瘦小的身躯，摇摇欲坠，就在一个马路牙子的小上坎儿的地方，纸箱飞行器飞不过去了，爷爷努力操纵着，双手抓着绳子，尽力控制着方向，我赶紧跑过去，居然一把抓住了。

爷爷到底没有跌落地面。有惊无险的一次飞行啊，类似这样的飞行危机已经有好多次了，上次还是物业的二位叔叔及时出手，我爸为此还给送去一面锦旗。

我可没有飞行的技能，只能先让爷爷就地休息，然后自己手里拎着这包纸箱去卖，得了一块七毛钱，再返回来的时候，老飞行员同志在午后的阳光里坐着快睡着了。

"我扶你回家去吧，爷爷！"

爷爷沉默不语，似乎还沉浸在飞行的快乐里。

"这是遇到了我，要是没被发现，他可就自己走远了，你不知道我扶他回来多费劲！"我说这话的时候不是为了向爸爸邀功，而是真的感到搀扶的疲惫。

"一糊涂起来要么云山雾罩地瞎说，要么不管不顾地瞎走，你说为了点儿破烂，摔了咋整？"我想想就急，声也不觉大了起来。

"别再往外走啦！别再攒破烂啦！"我贴着爷爷的耳朵大声喊了几句。

"天黑了，小同志回家睡觉吧！明个我还得去放牛呢，隔壁养牛的老杨让我去给他喂牛，说一个月给我八百。"爷爷看了看我，颇觉歉意又分外客气地向我挥手，就像感谢物业的师傅一样要把我送出门外。

"这两年爷爷的阿尔茨海默病越来越严重了！现在连我都不认识了，估计过些天连你也不认识了。"我看着爸爸哭笑不得。

"那也没办法，咱们得有这个心理准备。"爸爸拍了拍我的肩膀。

"有的人到老了一病不起，一命呜呼；有的人是长命百岁，耳聪目明，最后寿终正寝；还有的人就是这样，老糊涂了，变成老小孩儿了。"

"我不知道这是不是一种遗传基因，你也得做好准备，没准几十年之后的我，就是爷爷现在的样子。"

"不会的，你不会，你这么聪明，怎么会糊涂？"我笑了笑。

"哪个父亲不曾是儿子心目中的高山？伟大、强壮、全能、智慧。得了老年痴呆症的人又不是年轻时候就痴呆，哈哈哈！"

"那倒也是，要不然我也不会是我。"我继续笑。

"山远成云，并不是山在走，而是我们在走。山固定在那里，遥望着远行的人，所以他的世界里只有过往，他没办法和我们一起上路。"

爸爸说这话的时候倒有点儿诗人的气质了，和他的两百斤体重完全不相符。

"人生就是一场出走，走出大山的怀抱，走向世界，但是人无论走到哪，山还在那，有时候是人，有时候是乡土，有时候是文化。"

"离得远了，山的样子似乎就有点儿模糊了，仿佛变成了天边的一片云。"

"但我们知道每一朵云之下，都有一座无法拒绝的亲情的山，只有爱才让你记住山的模样。"

"好吧，当你将来也像爷爷一样飞在云端的时候，我还要记住你山的模样，就像你和妈妈现在拿伺候我的耐心伺候爷爷一样，谁让你是我爸呢!"我哈哈大笑。

"是啊，谁让他是我爸呢! 谁让我是你爸呢!"爸爸也哈哈大笑。

"哈哈哈，老杨，我来喂牛了!"爷爷穿着睡衣又出来了。

"飞行员已就位，请求起飞!"

我隐约地看见卡夫卡躲在角落里微笑，只不过他的笑里没有了揶揄。

或许山远成云，也是一次变形记。

指导教师：张继辉

十分钟的等待

◎2018 级 8 班　朱美娇

　　我挽起校服的袖子，低头望向手腕上正在悄悄偷走时间的那块石英表，五点二十七分，才放学两分钟，这次我一定可以等到她。

　　每天我迈着飞一般的步伐冲出校门，守在这个熙熙攘攘的大门口，只为与她相遇。只是几天来，我的等待都是徒劳。

　　但这一次，我一定可以等到她。

　　这时，一片粉红的桃花不情愿地落在了我的头上，我伸手去摘时，望见树枝上成串的花苞，它们正等待着一场春雨将它们唤醒，树也等待着它们在盛春开得烂漫来为自己装点——我正好奇初春时节为何会有花落时，一个声音打断了我的思绪，我低头看去，正是她。

　　"你在这卖什么呆啊？"她眨着清澈又明亮的双眼，好奇的目光与我对视，身体微微向前倾着，我的脸颊莫名其妙地升了温，红得比那朵桃花还要艳。

　　我别过头，故作镇静地憋出一句话："哦，我正好奇为何现在还会有落花。"我伸出手让她瞧那朵与众不同的桃花。

"可能是它等不及了吧。"

"但我永远等得及。"我心想，但话到嘴边又咽了回去，改换成"一起去自习室吧"这类话。

我忘了她又说了些什么，只记得那一个"好"字。为了这一字，我已等待许久了。

…………

黑夜总在等待着每天第一缕阳光，夏日总在等待蝉鸣与鸟儿的歌唱。四月的树上总挂着含苞待放的春花，沉睡的种子等待着冰雪融化。

日复一日，年复一年，我的韶华也在一个又一个等待中不停地流逝。眼见着，那块石英表已偷走了我人生大半的光阴年华。

年迈的我躺在白色的床上，耳边传来各种金属仪器运作的无情的声音。我睁开蒙眬昏花的双眼，又见她的容颜。尽管美人迟暮，但她的双眸仍比海澄澈。

我想起那年我坐在电脑前焦急地等待某个决定命运的数字，想起为等待她消息三分钟看一次手机；我想起我穿着黑色的西服站在殿堂中央等待着她父亲将她的手交给我，想起徘徊在手术室前几小时直到听到婴儿的啼哭——后来我又在那门前等过我的父母；我想起我守在电话前等待孩子的消息……我想起，我等待过无数次，直到最后一次，等待终结，等待死亡。

那条曲线最终成了直线。

…………

我突然回过神来，门口的人已经逐渐走光。人群中我见到了她的背影。我一愣，又急忙看那块石英表，五点三十七分。原来，只过了十分钟而已。我叹了一口气，明天，我又将迎接下一个等待。

指导教师：张海波

书声琅琅　海棠生香

◎2021 级 3 班　赵珈镭

我的校园不大，一支海棠花足以讲述它。

一年级，第一次看到校园的我，觉得一切都是新奇的。广阔的操场，赤色的跑道与鲜绿的草坪唱着交响；旁边围起的垂柳茵茵，掉下的柳叶忽地落在我头上；纯白观众席上的葡萄藤，搭出一片阴凉，一群同学热热闹闹站在其中，咔嚓一声响，合影一张，我与校园的故事就这么开始了。

老师牵着我的手，带我走进这好大好大的地方，我仰着头听老师慢慢地讲，突然，几点红色蹦进我的视野，那不是天空的颜色，亦不是树木该有的油彩。我问老师那是什么，犹记得老师这样说："那是海棠果，咱校园里的海棠果可好吃了，等你们长大点儿，去高楼层上课，开了窗户就能摘到海棠果，那的海棠果，比现在看到的还大，还甜。"

老师的话，像是在我心上种了一颗小小的种子，此后我便一直期待着，有一天打开窗户，能看到艳红一片。

小学五年，从小绿楼到小学部，每个学年教室都在变，但总也变不到我心心念念的四楼去。其间，我曾尝试过向保安大爷讨教"摘果秘籍"，他为此特地做了一个"神器"。只可惜，果是打下来了，却总是因重重摔在地上"毁了容"。我也曾尝试通过葡萄藤上的葡萄来想象它的美味，可这些葡萄虽表面看起来晶莹剔透，内里却实在酸涩难以入口。不知不觉间，我与我的海棠果错过了一年又一年。

初中生活精彩充实，柳树下的长椅成了我最常去的地方。午间闲暇，两三好友聚于此谈天说地，满是快意。六一歌会，金秋体育节，艺术广场，廊板报评比，学科文化节，学代会……我在学习生活和校园活动之间忙得不可开交，似乎早已忘了我的海棠果。

九年级，我们的教室终于要搬到四楼，那个开窗就能摘到海棠果的地方。可等暑假后我进入校园的那一天，我却停住了脚步。昔日甬道旁肆意生长的海棠树不见了踪影，取而代之的是黑漆漆的柏油路，在阳光的映射下，反射出刺眼的光。校园重修了，柳树没垂下长长的辫子，一个个都被剪成了"寸头"。观众席上也只剩了葡萄架，一片惨白景象。再坐在教室里，还习惯性向窗外望去，湛蓝的天空没有一朵云彩，校园一片寂静。

最后一年，窗外虽没有海棠果相伴，但这一次，我好像已经学会了像它一样向阳生长。秋去春来，七张答题卡给了我一张梦寐以求的录取通知书，我好像终于摘到了自己的海棠果。见证我九年成长的校园啊，我要离你而去了，带着你给我的硕果累累。

高中校园很好，有丁香花，有葡萄架，还有我每次考前都会前去看一看一众名贤雕像。学习生活并不算乏味，可我却总是觉得这样的校园少了点儿什么。于是我又重回曾经的校园，试图解开心中的疑惑。操场旁的柳树重新梳起长长的辫子。坐在长椅上环顾四周，似乎它也与我陌生起来。似乎我所熟悉的从来不是校园，而是心中那海棠花香和那见证我成长的地方。

我顿感心中释然，曾经心里的那个小小种子早已破土而出，长成苗壮的小苗，校园给予我沃土与养料，我努力呵护它成长，期盼着有一天它在我心里开出灿烂的花。

我的校园就是这样一个小小的地方，那里有海棠花香……

指导教师：巩智敏

痛苦与超脱

◎2017 级 2 班　贾翼州

　　"人生在世，有受皆苦。"人生于世，就是为了"赎罪"、为了"受难"，通过忍受今生的磨难获取来生的幸福。不可否认这曾是上位者对底层民众的精神掌控，但在生活之中，我们也的确会时时感到他人给予的折磨、源自自身的痛苦和来自时代的恶意。而生活总要继续，我们仍要突破重重桎梏，勇敢地走下去。

　　他人是可怕的，因为他人会改变我们，从而带来痛苦。人都是群居动物，人都会有情感，这就决定了我们必须和他人交往并以此决定自己的人生轨迹。因他人的某些举动而产生自我质疑，因为他人的某些心思而感到痛苦，这是人们的常态。比如阿米尔对哈桑的愧疚和对自己的责备织起一张细细密密的网，把他心底的石块死死包裹，郁结不去；比如《祝福》里"我"对鲁镇的无能为力，比如巴金对小狗包弟哀哀吠叫的心痛如许；比如外界对包身工们的怜悯、同情，却始终送不至他们的心底。当每一次，我们因他人而试图改变自己，这过程当然痛苦得无以复加。我们都希望自我不必改变，但也期盼为我们爱的他人做一点儿贡献。我们活着便有责任，有对他人的责任，因而忍受痛苦，有时不甘不愿，然而痛苦依旧降临。

自我是可憎的，因为自我是一切苦难的源头。人学会了思考，就开始了自我折磨。任何事情的难过都只能自己琢磨，在饱受艰苦之后突然豁达，才能笑着讲给别人听。能说出来的痛苦都到不了心底，能解决的问题都不算是问题。我们从一个点开始思考自己，便陷入了自我批判的苦痛的旋涡。油纸伞和伞下的姑娘、伞上的雨，是戴望舒给自己的出路。在一条不知名、不知去处的小巷里，彷徨、徘徊、等待，等一个不知名的丁香姑娘，等一场不知秋意的雨。陆蠡求的是破窗外的一抹绿，更囚住了自己的心；徐志摩对美好化印象的百般追忆、怀恋，恰恰是他爱而不得、求而无果后独自品咽的苦酒；"我"对水生和侄子宏儿寄予的厚望正是在自己和闰土间看到的重墙。这些自我与自我的对决永无结果，因为我们舍不得让任何一方落败。我们仍活在这世上，仍存有对自己的责任，于是日复一日思考自己、折磨自己，沉浸于无尽的悲伤和眼泪之中，等待曙光的降临。

时代是令人心痛的，因为时代的缄默造成了大多数的沉默。老人与大海的对抗是他面对时代的悲鸣。大鱼是所有人趋之若鹜的利益，鲨鱼是无数的贪婪者、欲重者、位高者的化身，狂躁易怒的大海则是一切故事的模板。作为一叶扁舟，我们不得不顺从这一切，我们习惯顺从。然而沉默的大多数里也总有不甘寂寞的老人，他们挣扎、他们抗争，哪怕只是蚍蜉撼大树，也要做蝼蚁里有名字的那一个。比如宝黛不屑于功名的清高，无视了世俗的爱情；比如荆轲试图以一己之力挡住整个时代的洪流，这种不需要评论对错的勇气；比如马丁·路德·金在历史面前的振臂高呼，以个人的一小步，迈出历史的一大步。

后之视今，亦如今之视昔。这个时代在我们眼里是平静、祥和且进步的，但在先驱们的眼中还有那么多缺点。因为看得到所以忧患，因为被压抑不得志而更忧患，这就是时代的囚笼。世界是孤独的，因为每个人都是一颗星球，貌似相亲实则相离。我们护短、我们排外、我们固执己见、我们没有改变这时代的勇气和魄力，于是只能在看到的黑暗里沉沦。我们仍以社会为背景，仍肩负着责任，对世界的责任。这责任在某一瞬间回荡在脑海，就突然使我们想起这世界的痛苦和绝望，构成我们的痛苦和绝望。

是了，我们是痛苦的，我们在经受折磨。于是又怎样呢？然后呢？我们要做些什么呢？我们能做些什么呢？脑海深处的声音告诉我们：我们要反抗——然而反抗是无果的，老人带回的最终只是一具躯壳，普罗米修斯一次又一次忍耐秃鹫的啃食。强大而轰轰烈烈如他们，尚要遭遇失败的惩罚，更何况平庸而懦弱如我们？那么别无他法，我们只好接受。然而逆来顺受永无天日，祥林嫂就死在这样的一群人手中。我们呢？我们也要吃人吗？我们也要等待自己被抽筋拔骨，食肉吮血后还死得不明不白吗？不，不是的，并不至于可怕如斯，那我们便逃离吧——然而世界之大，何处是吾乡？百草园都不是永恒的乐园，桃花源也会有外人闯入，我们该去哪里寻觅一隅清静藏身？于是最终我们面临了人类永恒的问题：要去死吗？答案当然是否定的。死确实可以让我们逃避这一切的痛苦或折磨，但我们贪生畏死。为什么？——因为这世间并不只是痛苦、折磨，还有光、有温暖、有比一切都重要且光辉璀璨的人类的情感。

一切都说得通了。死是不必急于求成的，因为死是一个必然到来的日子。剩下的便是如何去活的问题。折磨与痛苦是不必急于体验的，因为痛苦是我们必将走过的黑洞。我们总会陷于痛苦，因为我们在不断思考寻求一个通透。愈通透，愈看得懂，便愈觉出自己的渺小和无能为力，痛苦便随之而来。虽说难得糊涂，虽说大智若愚，但毕竟糊涂的前提是要足够清醒。我甘愿不断思考、不断明晰，并为我思考而获得的价值付出我应付的代价。这世界也许是不公平的，也许是苦涩的，但只要甘愿，一切便值得。

我仍在痛苦与焦虑之中，我们、你们、他们，都一样。我们要时刻面对他人给予的折磨、源自自身的苦痛和来自时代的恶意，但我们终将带着每一份忍耐或抗争背后的懂得与通透，勇敢地走下去。

指导教师：田　宇

万物渺小唯心坚

◎鲁昱莹

（原文获全国青少年中华情·中国梦征稿活动一等奖，略有改动）

那个洒满欢笑的春天，我刚上初中不到半年。阳光暖融融的，不亮，却很好看地倚在窗台上，随意泻到脚边。那时的我对于一些事仍然很迷茫，想拼搏，却没有方向。

一天晚上，我回家时，听见走廊中的声响，像是敲门的笃笃声。在这种傍晚，一般不会有人登门造访。我急忙跑上楼，却发现楼梯上落满了泥土，再往上看时，墙壁上制作粗糙的电闸箱开了一个缝，一只燕子从窗户飞进来，艰难地用爪子抓住箱盖，黄色的喙衔着一些泥，努力地将这个缝隙黏合上，做成了一个简陋的巢。勉强将缝隙填满后，它振振翅膀，想要飞走，却发现走廊的窗户被风吹得紧紧闭合。我跑过去，伸手将窗子打开，看着它无所畏惧的身影飞出窗外，迎战阵阵刮来的风。它瘦小的身影穿梭在树丛间，努力寻找着搭巢的泥土。

它的身影明明是那样微不足道，我却在这里找到了拼搏的方向。

　　小时候喜欢大自然，这个世界如此广阔，我却独爱那一朵蒲公英。蒲公英在幼时显得那般弱不禁风，浅黄的花瓣在风中微颤着，褶皱成一团，却很坚强地立在原地。但我却发现，当夏天莅临这片草地，蒲公英便成长为毛茸茸的一团，可爱而洁白。风儿总爱在它的耳畔吹过，温暖柔和，托着它腾空，独自飞翔。我呆呆地看着它飞向天际，寻求它的梦想去了。每当我自暴自弃的时候，眼前却蓦然出现了那朵蒲公英的身姿。

　　自身可以渺小，梦想必须伟大。

　　我曾养过一盆仙人掌，是嫁接出来的新品种，头顶有一个淡红色的刺球，十分矮小，却显得玲珑小巧。但是相比旁边高大的仙人掌，它反而因为娇小而有些不起眼。我还曾因此为它惋惜了很久。

　　店家曾叮嘱过，三个月一浇水，我却总是忘记。半年后，它头顶的刺球枯萎了。我很伤心，便将它置之不理，想彻底遗忘这段悲伤的回忆。过了一段时间，我基本淡忘了这件事，却偶然在角落发现了它的存在。我惊异地发现，它的身上竟长出了新芽，比从前的颜色更加青翠，肥硕油亮，充满生机，旁边甚至伸出了根，企图开辟新的土地。我为它浇水，几周后，头顶的刺球没有复原，这盆仙人掌却彻底将过往舍弃，最终变得坚实挺拔，长成了纯粹的仙人掌，甚至摆脱了因嫁接而矮小的命运。

　　我不相信命运，我只相信万物渺小唯心坚。所谓的上天注定，不过是不愿拼搏的人们为自己找寻的借口。因为这些微不足道的身影曾出现在我的记忆里，我学会了不顾一切地向前冲。

曾经的我不敢站在人前发言，永远躲在人后，看着别的同龄人在讲台上高谈阔论；曾经的我总是失手将排球击到场地的另一端，不得不穿过整个场地将球扔回网边；曾经的我打字非常吃力，在电脑上完成一些作业甚至要熬夜。这样的我都逐渐变成了过去式。只是因为我舍弃了一点儿课余时间，努力对着镜子阐述着语言；只是因为我拿起了排球，比别人多练了十分钟；只是因为我坐在电脑前，努力提升着打字的速度。

有人曾说，我们都很渺小。对于这个世界，我们都只是过客。但是，世界从不反对任何一个人用自己的意志向它挑战。若是现在就抱怨自己的枝叶不够繁茂，怎会尝到用汗水酿造的花蜜有多甜？

是的，我们都是万物中的一点，但我们坚定的意志，可以跨过山和大海，向这个世界呼喊：我们并不强大，我们只是有足够的决心挑战未知的明天。

指导教师：孙立权

我 和 我 奶

◎2021 级 10 班　孙靖博

2001 年的时候我爷爷逝世，我不知道当时的奶奶是什么状态，因为那离我的出生还有五年的光阴。据我妈妈讲，当时的我是因为不让奶奶寂寞才来到这世界上的，所以我的作用大致相当于当今社会的一只泰迪，当然了也可以算作是美短。

后来便是一个普通中国家庭的日常，由于我的父母工作还不算清闲，自然也没有什么工夫来陪伴他们的孩子，于是我就和奶奶整天待在一起，因此我与奶奶之间的感情就十分深厚。每一天的我总是期待着能像其他伙伴一样有爸爸妈妈接送，毕竟小孩子的心理都很奇怪。可我每次总是能和奶奶开开心心地走上五六公里回到家。我认为这一切就是我在疫情期间能够保持"金身不败"的原因之一。可我们谁都想不到在十年之后这一切将只能成为梦。

2020 年 10 月 8 日，大厦崩塌。

准确来说是 10 月 7 日与 10 月 8 日的交接之时，我的难过并不来自我那即将消逝的国庆节假期，而是在这天夜里，也可以说是这天清晨，奶奶，这个在我印象中没有生姜水治不了她的病的强者终于还是倒下了。第二天一早，我到了学校，接到了她亲自打来的电话："就是个半身不遂，不大事儿。"我知道我奶奶的表达方式就是这样，就是天塌下来她也会说不大事儿，她经历过太多无能为力的事情了，她知道自己无法改变什么。但她却从没放弃过改变。很多人在脑血栓之后手是打不开的，需要别人喂饭吃。可是这个强者并不希望这样，她从不向这个世界示弱，哪怕是她的至亲们。她一遍遍尽力张开自己的右手，哪怕这上面早已布满血迹；她尽力尝试着用左手吃饭，尽管在她的家族中往上查三代都没有一个左撇子。人们都为她的成就感到开心，她也乐此不疲地训练，想要早些回归到正常生活。可是上天似乎对她有些怨念。就如同每一次地震之后都会有余震一样，这病是会复发的，这一次并没有带走她哪个部位的活动性，但似乎是带走了她原来的喜笑颜开的性格。她开始变得寡言少语，似乎保持缄默成了她与命运抗争的唯一方式。我爸尝试着把她带到四川好让温暖的气候来弥补那早已充满问题的血管。但她在住了一年之后毅然决然选择回家。奶奶回家前，我做了一个梦——

梦里我站在窗前，她死死地盯着我，嘴里重复着四个字——"我要回家"。

所以正当我的爸爸还在疑惑为什么她放着更好的条件而选择归乡之时，我却早已得到了问题的答案。

"不去成都了？"

"不去了。"她的答复不带半点儿犹豫。

"那要是我去成都上大学了呢？"

"那必须去。"

说罢，她的脸上浮现出了笑，你很难说这是一种什么心理状况下的笑。比如我爸会说我这是没大没小逗我奶发笑；医生会说这是脑血栓导致的脑神经压迫，正常现象，她一说话就会笑；而我则有另一种看法，这看法来源于时光。

在她得病之前，我们就逐步发现她越发分不清我和我爸，她会无意识地对着我喊出我爸的名字，没人知道为什么，也没有人想去知道，因为我们都在逃避一个事实——她老了，超人也会有老的那一天。可是后来，我搬了搬自己的手指头，发现了一些端倪。

今年我十七，还有一年就十八了，我的父亲因为早产所以早一年上大学，所以在她印象里我爸爸就是那个十八岁的少年并且并不会表现得十分像一个正常人。不幸亦是万幸，现在的我和当年的我爸爸一样，所以再正常的人也会在这三十年前突生恍惚之感——这到底是儿子还是孙子？但是如今医生的一番话却令我更加相信了。

"她会由近及远地慢慢遗忘一些事情，并且心智逐渐回归十五六岁。"

这没什么不妥，她把我爸带到这个世界上让我爸的记忆从零到一，并教我成长为一个全面的人，所以我们自然也能接受她记忆的逐渐退化。可问题是——在她的眼里，我可能不是她的孙子了。

我们没人知道我和我爸在她眼里到底是个什么身份，我爷爷走的那年才五十多，我爸爸离古代的知天命之年也仅剩下四个年头，或许我们骤然间成长了许多以至于超越了辈分，我从没见过我爷爷，但我知道我们三个一生都只在追求同一个事情——让我奶奶开心。正如那天好多人问我为啥学习如此忙碌还要看我奶奶。我想都没想：

"对于一个男生来讲，莫大的荣幸就是被一个女生需要。我奶把我从小养到了十七岁，我也有义务让她的心理在十七岁的时候天天开心。"

但是时光终究还是让人无奈的，正如我第一次知道她已经无法控制自己的口水溢出嘴角的时候我的眼泪也随着口水坠落，而现在我已经能做出反应给她擦得一干二净，这一切仅仅是因为时光带给我的无奈。而它正在残忍地把我们两个的生活慢慢剥离，如同抽丝剥茧，很慢，却也很快。十岁的时候我一天能和她吃两顿饭，待上四五个小时。十七岁的我一周只能见她一面说几句格式化的话再逗她笑一笑。她知道我很忙，嘴上说着别来了耽误事儿，可是当她逃过疫情的限制之后却难掩热泪，"能见到你们真的是太好了。"

我曾经疑惑她对于遗忘会是什么态度，她的回答却让我眼前一亮："你奶奶我这辈子没被谁落下过，也没服过软，在这个世界将我遗忘之前，我准备先忘掉这个世界。"

我们相视一笑，毕竟按照家族遗传来看我大概会在 30 岁发现自己拥有一颗肾结石并且痛不欲生；50 岁的夜晚被肝病折磨得死去活来，在 70 岁之后逐渐丧失生活的能力并且继续在这个世界上以一张身份证的形式存在十年。最后在什么都不知道的情况下离开。

我希望到那个时候，我能像奶奶一样，带着笑讲出那句话：

"在这个世界将我遗忘之前，我准备先忘掉这个世界。"

指导教师：方思璐

我　姥

◎2021 级 5 班　　时佳彤

我又给我姥打了电话。

半个月前，我从妈妈那听说了："你姥姥很想你，想给你打电话又怕打扰你，你多给她打电话。"于是我在后一次的通话中，与她约着在周末晚七点打电话。

"哎哟，我可想我老外孙女啦，可怕打电话打扰你。"

"没事，不打扰，就是我每天晚上都要去自习室可能接不到——但我周末有空。"

"那咱俩周末打电话呗。"

"行，那就……周末晚上七点，我正好在家——我打给你还是你打给我？你打给我吧，我打给你你再着急找手机。"

"七点……就现在这个点就行吗？"

"对，现在这个点就行——再晚一点儿也可以。"

她干脆又中气十足的声音通过电话透到我耳中，我甚至可以想象到她说这话的神情：应是和与她大姐打电话一般无二吧？那种笑着脸挤成一团，在没人的房间里两只手捧着电话，侧着耳朵细细听着的样子，想必连背影都充满了喜悦。

其实我们的通话总是单调而简短的，无非是她问我学习累不累，今天晚饭吃了什么，我爸妈工作忙吗，还总加班吗，现在在家吗，又关心着说累了就休息下，不要累坏了身体；而我问她最近身体如何，有没有吃饭。

于是干巴巴地凑出了四五分钟，两个人都不舍得挂电话却又挤不出多余的半句话来，于是我问她要不要和我妈聊天，姥姥又小心翼翼地问："你妈现在有空吗？不用忙工作？"哪怕得了她不忙的准话，她也不主动提出要和她聊天，只是继续重复地问她是否真的不忙，直到我把手机递到妈妈的手里，她听得女儿的声音才放心说话。

在我的印象里，姥姥对子女，一直是这样殷切又小心。明明那么盼望和儿女见面说话，但却闷着不提；自儿女那收了好药又舍不得吃，转头问小辈是否身体不好要来一丸；得了儿女给的养老费也不花，偷偷攒起来，哪怕有时忘了掖在哪里，也惦念着某日偷偷塞给小辈；儿子送来的吸尘器要用布罩上怕落灰，女儿过节打电话问要买什么时忙说什么都不缺。

妈妈总说她："缺啥你就说呗，一问就啥也不缺，但东西拿来了又填上个地，你儿女都出息了，没啥买不了的，缺啥你就说，别怕花钱，东西也买点儿好的，别图便宜……"

"我不缺，我真啥也不缺。"

儿女过得好，如今农村改造又住进了大房子，家里还有点儿地种着，也不用操心什么收成，钱都够用，没事就看看电视，九点睡六点起，一天天就这么过去了，有什么缺的呢？

但小辈们都知道，她什么都不缺，可又不是完全快乐。姥姥虽总是笑着，笑得见牙不见眼，但偶尔午夜无意识的唉声叹气中，仍叫人窥得她那灵魂深处的倔强和沉闷。

至少我是知道她的一丝忧愁的。

她总是说如今儿女都好，这人生就没什么遗憾了，可每每她鼓励我好好学习时，总又遗憾地提起她那半路夭折的学习生涯："你姥姥我当初学习可好了，天天得第一，作文天天当范文，还当了班长，老师还说我：李恒泛以后肯定有大出息。要不是我当年没读完学，说不定我现在就是个老师了呢。"

她是那么爱书和字，她读报纸，读书籍——尽管是读养生的书，读小广告，有时也读我的课本，一次念出我课文的一段，她颇为骄傲地说自己"够用"；她离开我家前总叫我给她拿点儿我不用的纸笔，她说她要拿回去练字——我也见过她的字，并不秀丽，但坚韧又端正。

那日听过张桂梅校长的故事，又叫我想起了姥姥，我想起我问她要是继续读书会不会比现在更好，她说那她说不定就是个老师了；又模模糊糊想起曾问过她为什么不去读个老年大学，她只含糊地说自己这把年纪了，还读什么大学。于是猛然被撞醒一般，我发现了姥姥那对学习仰望时的自卑与退缩，那是一种满脸皱纹的老妇突然看到自己年轻时青涩明媚脸庞的躲闪与回避，那是麻木者突然迎来一阵清风时的清明一线和无所适从。

所以她才会这么希望孩子们好好读书吧，我想。哪怕多年后我回想起她那给书桌灯下的我送来一碗削了皮的苹果的情景，也能清晰记得她的那种眼神。那含着光亮的眼神，像是拢在行者头上昭昭的微光，是迷茫游子窗前筛下的通透与慰藉，是曾青葱烂漫的少女沉寂后的回望。

可对现在的她来说，曾经错失的学习机会，应只是偶然提起的怅惘与无奈罢了。她这漫长的七十年人生，一大半是挤着家庭里的琐事和家庭里的孩子的，于是痛苦与烦恼大都是家人引起的，开心与欢乐大都也是家人给予的。她总是这样把家人放在自己之上，像长大的儿女从不和她报忧一样，她也从不向儿女倾诉自己的苦闷，加上姥爷也不是个会关心人的，于是除了向自己姐姐说上零星几句，其他时候都做一个守着自己烦恼的安静的锯嘴葫芦，或是一个开心热烈的和家人在一起的小老太太。

有时姥姥应了儿女邀请进城小住，她就成了一只喜气洋洋的燕子，忙着急着奔向自己的春天。她携着大包小裹地进城与串门，包里是衣服和带给儿女的菜肉；蔬菜是新摘的，酸菜是亲手腌的，肉是别人送的。她早在来前就分好了各家的份，来后就挨家挨户地去送，或者让某家捎带着。

尽管儿女本意是让她来享受，可她就是闲不住，恨不得包揽家里的活计，儿女哪怕心疼她不让她干，可过了几日她就觉得浑身不得劲了，只好自己找了活儿干。若是家里种了地，她便心里挂念着，隔三岔五打电话去问。于是没过几日，燕子又飞向了另一个春天。

不久前看了在 b 站大火的刘小样女士的采访，那也是一位农村妇女，在她说出她对大世界的渴望，对困住她的世俗枷锁的不甘时；在她坦诚剖析着自己身体活一种生活，可心活另一种生活时；在她觉醒着说出"我宁可痛苦，我不要麻木"时，我真为她那通透的痛苦而震撼。我不禁想起姥姥的人生，这自十九岁结婚起——甚至更早就不断向他人倾注而忘我的人生，虽然最后儿孙满堂又丰衣足食，但这是真正的幸福吗？抑或只是被世俗圈在母亲、妻子等身份里得到的"别人嘴里的幸福"呢？

若她没有辍学，若她辍学后可以像男子一样去做事业而非被教怎么相夫教子，若她可以选择成为一个对自己更好一些的人，她是否会感到来自本身的幸福？她的人生是否会更多姿多彩？

像麦子结着麦穗一样，像燕子飞向春天一样，姥姥是过着人们口中幸福的生活的，丰衣足食又儿孙满堂，于是我想着她所感受的幸福理应也是真的。或许这不是对的，但是好的；这虽然是好的，但或是能更好的。

指导教师：王玉杰

小　游

◎2018 级 9 班　马昕桐

　　脚下的路已走了千万遍，却还是每一步都用心体会。转眼五个春秋已过。从寂寥无人到比肩继踵，从一片废墟到高楼林立，我在变，它也在变。

　　床头的闹钟，又一次响起，还传来了楼下大爷打太极的音乐声。紧接着，有软剑划破空气的空灵声，伴着我开始新的一天。从简陋的廊道走出来，那音乐更加清晰，老人年过古稀却依旧精神矍铄，雪白的道袍穿在身上，有几分仙风道骨的韵味。朝前走，高大的凉亭露出一角，与身后现代化的商店招牌格格不入，昨夜若有人在此聚会，怕又是一地狼藉。老奶奶正带着小鸡遛弯儿，一团团嫩黄色的鸡仔，头一点一点地啄着米，时不时抬头望天，像是等待长大的孩子。出了小区左拐，已能看到不少同学，大都脚步匆匆，手上拿着单词卡，默背着单词。清晨车少，偶尔几声清脆的鸟叫，都带着露水的味道。再过十几分钟的路程，校门已遥遥可见。日复一日，年复一年。

　　我在这偶尔的不寻常里过着寻常的生活，那条路几乎每天都走，每天都一样，却又不全一样。偶尔道路施工，绕行到其他路上去，总有恍然的错觉。这两旁的商铺在一夜间换了招牌，也是常有的事。因为临街的夜市，这里也不幸遭了迫害，地上本该有的青花纹路，被厚厚的油渍模糊了轮廓，带着几分神秘。坐着轮椅默默无言的老人从我们搬来之前就在那里，脏兮兮却有一双大眼睛的流浪狗欢快地摇着尾巴，我一路走过，笑就溢了出来。

夜幕降临，花红柳绿，车水马龙，说不尽的繁华。我躲在书房里学习，不敢打开窗户，然而楼下的小贩吆喝声此起彼伏，时不时从窗户缝钻进来，撩拨着我的心。偏偏我向来不是意志坚定之人，总免不了下楼溜达一圈，未走出大门，食物的鲜香就着夜晚湿漉漉的空气一股脑向我袭来。出了门，便是人头攒动的热闹景象，五元两串的桂花糕，淋了厚重果酱的冰激凌，在笼子里翻滚的尚未断奶的小狗，处处对我都有莫大的吸引力。我留恋于美食与萌物之间无法自拔，当母亲急促地催上三四遍，才慢吞吞地往家走。

绿荫生昼静，孤花表春余。纷纷红紫已成尘，布谷声中夏令新。夹路桑麻行不尽，始知身是太平人。要的，就是这份宁静。

指导教师：付　强

印象与过往

◎2021 级 11 班　曲　梁

　　我常在梦里再见一些物什或情景，醒来后大笑的有之，怅然若失的也有之。有些东西，可能是与我相伴得太久，我至今仍切实记得它的颜色、触感、气味，落笔写此文时犹可随意摆弄翻看，大没有回忆之感。

　　新年之前，老宅翻修了一次。看着洁白的、散发着石灰味道的墙壁，我努力搜寻着关于此地的记忆，忽然生出了一种惶恐，似乎我再不回来，便不再能在归来的那天自诩为归人，而只是一个过客了。

　　事实上，也许我已经不属于这里了。几乎白得刺目的衬衫，灰色的运动裤，带着夸张花纹的鞋子，无不诉说着我与这里的不同。

　　我来到院子里，看着那些即将被拉走或将被劈了当柴烧的老家具，有些怅然。它们之中至少有半数年纪比我要大，自我记事以来或者更早，便已是这里的存在了。它们仅仅是存在于那里，直到几天之前——我还天真地以为它们会一直存在下去。

也许，那些木头柜子或者板凳是否在那里其实也并不重要，它们就像是电影里的背景音乐，我们也许沉醉于精彩的桥段，而它的旋律，早已深深烙印在我们的心里。

也许情节环环相扣，我们没注意到故事的推进，只有当背景音乐忽地暂停或者是切换，我们才意识到，进度条又前进了一大截。

站在那里，我突然想起了很多。

我不知道应该如何称呼它们。一点儿记忆？一场往事？一段过去的日子？或者仅仅是一份用来寄托一些情感的存在？

我又拿它寄托了些什么呢？一束没有名字的怀念与感触？一盏没有目的的期待与希冀？它们都应是金黄色的，给那些画面都镀上了一层安宁而令人回味的滤镜。

我徘徊着，在那些金黄的日子里，在每个久久不眠的夜里，我将回忆揉成一座座城池。

那城里有树，是老宅院子角落的那棵柳树，但又不是。那城里有屋，是老宅的堂屋，但又不是。城池杂乱而整齐地延伸着，一直到天的尽头，清晰而模糊地在我眼前，成了我的不长不短的一生。

那些印象，像顽童手里的摄像机，时而一圈一圈地轮转让人看得清晰，时而按下了快进，让人在光怪陆离的一帧又一帧中遗失了自己，只能被进度条裹挟着，跌跌撞撞地去向那个并非终了的结局。

我将手中的笔掷向这现实的房间的某个角落，我将面前的稿纸撕了个粉碎。我把纸屑揉成长鞭，驱赶着我的灵魂穿梭在我筑就的城池里，找寻着我的身影。

有个儿时的我拿着弹弓打破了那么一扇窗子——如今我在那独属于我一人的城池的某处看到了满地的碎玻璃。

我迷走在我的国度里，活像一个寻找着世间最珍奇宝物的蠢贼。

我那黄金般一文不值的青春。

记忆是一座城池，我在这城池里，寻找着我的故事。时间是一篇神话，你知道或不知道、相信或不相信的，关于你自己的神话。其中你愿意相信的成了过往，不愿相信，或者不足以令人相信的，我们称之为印象。

不过时间这东西，特别容易让人产生无奈的感觉。但作为宇宙中最基本的铁律，它似乎也的确有这个资格。

就好比一个盛满了老物什的箱子，你一日去看，唉，在呢；你十日再看，唉，在呢。可你就这样，每次都草草地看一眼，也许锁孔有些涩，也许合页该上油了，可你都没有在意。直到有一天，或许是锁头的某根卡簧突然折断，你拿去维修才发现，它似乎有些破旧得不像话了，几块板子被潮气浸得弯曲，铁制的包角也锈得一塌糊涂——当年这铮亮的铁包角，你以为它会永远那么漂亮。

时间，这最温柔轻软而最坚定不移的力啊，你可否走得再慢一点儿，让我记住，在我失去之前。

喂，那个所谓的归人，你听得到它吗，它在呼唤啊，这回忆。

不，他听不到吧，这过客。

唉，我听得到啊，它在呼唤呢，这印象。

嗯，我都记得呢，这过往。

指导教师：方思璐

又 逢 着

◎2021 级 28 班　孙丝玄

高考结束，内心却没有太大的波澜。只是当天平常地回了一趟学校，再伴着像老友一样的夜色回到家中，此后过了一段难得清闲的日子。某日忽地注意到书架上有一本尚未读完的《野草》，便借机继续拜读鲁迅先生的大作。

对于整个高三几乎没有读书的我，考试后的潜心阅读似乎起到了些警醒作用，也算是开始了当初"将书架上的书全读完"的誓言。但当我真正翻开深棕色的封面，看到扉页上竖列题着"绝望之为虚妄，正与希望相同"时，便有了一种为之一震的冲击。这感觉不仅是对鲁迅先生锐利刀笔的敬服，而更像是"久旱逢甘霖"的喜悦之情，甚至耳边似乎时有乍起的雷声，便也更不用说那令人爱不释手的油墨香味了。失而复得的复杂情感，大抵也在于此。

幸好，我又与文字重逢了。

若细细算去，相当长的一段时间里，我都没有与它相互照面。一年半载间，追赶着完成的事太多，而允许人真正放慢脚步、欣赏流连的日子却少。每天准时赶上清晨的前几班公交车到达校园，按着每周循环的课表上完一天的课程；晚自习也全在翻着一本一本的习题册，而全然不敢有放松的空当；回家后强撑着困意继续未完成的课业，不知何时就会倒头酣眠，再等着第二天清晨的惊而坐起——或许可以称如此生活为"两点一线"也不为过，自然也无法挤出时间读几本所谓的"无用之书"。以至于草草看成套发下的语文卷子，如果能在密密麻麻的文字中挑出几篇喜欢的诗词、内容文艺性强的论述文本和能沉浸其中但不显矫揉造作的小说和散文，便算是有了无名的动力，也勉强能填补文字荒带来的缺失。

无法用更多文字激发灵感、尽心创作的岁月里，能得一二灵犀相通的友人，未尝不是倾诉，是共同分担热忱与迷茫的最佳方式。我与W同学可谓是相像至极，好多的观点、一瞬间的生发，欣赏的文章和语句皆无二致。每次考试、每张套卷，我们总能共同挑出金子般灿然的光亮来。发现"不动不言不笑，像铁铸的一样"的坚毅与静默，《遍地应答》中哲学的沉静与生命力迸发的碰撞，北平的秋日清净悲凉的、颓废的、哀伤的美感，还有"杂乱的发丝像太阳神般迎风飘舞"一样的绝妙比喻。在若干个人声静寂或鼎沸喧闹的正午，我们俩总爱轻掩上教室前门，在前门窗户正对着的走廊窗台前谈论那些转瞬即逝的灵感。从古代的武侠江湖到民国时期风云变幻，有朦胧之美与不可言喻，也有对未来世界的科幻想象。我们都偏爱裹挟在巨大的、无可避免的时代浪潮中苦苦挣扎的小人物，也乐于品鉴各种情形中或伟大坚忍或悲哀脆弱的人性。有次偶然间和她提到穆旦和他的长诗《赞美》，便在第二天给了她一张文字稿件，用深蓝色的字体印着，正契合那些苦难与深沉。不久后，"沉默的是爱情，是天空中飞翔的鹰群，是干枯的眼睛期待着泉涌的热泪"便出现在了班级日志的角落。

后桌 F 并不是传统意义上的"文艺女青年"，她与我皆热爱古诗词，在平常写作中都爱用意象的堆叠，用情感丰沛细腻的大段抒情，而经常被当作反面教材批为"一口气读不完的大长句子"。语文课中，我就会半侧着身子，左手手臂撑在后桌与座椅的交界处并斜倚在靠背上，经常在班主任言语停顿的空隙和她见缝插针地进行交流。对话的内容多是上课时感染人心的诗词句子、文章语段，以及一个个细碎微小的、令人心动的故事。我们都曾为王子安"三尺微命，一介书生"的少年意气却早早折戟沉沙而叹惋，为陈与义写萤火"不畏月明见陋质，但畏风雨难为光"的拳拳之心所折服。那些诗人文人的志趣、功业、深情与遗憾，我们都会谈上一谈。在读到动人或精妙之处时，我经常会在题目与文字间留下自己的批注与短评。某次 F 同学诗歌鉴赏练习卷不知所终，我便借她复印下来；当拿回卷子时，便看到她用铅笔对我的每一处批注都作了回应。印象最深的即是南宋人刘克庄的《北来人二首》，我大略写了些"物是人非，感慨良多"之类云云，她于下方回"逢时悲凉，家国飘散，自有黍离之悲"。此间少了答题的框架与格式，反而多了些鱼雁往来的雅趣与相期。

与之相似的场景仍是数不胜数。和某某用活页横线纸互相回信、分享作品，给她看过我的文章，也作了首小诗回她围绕"理想与现实"撰写的短篇小说；还和某某讨论过李太白的容貌，他醉时捞月、仙逝在小舟中的浪漫，甚至想效法西方舞台剧，用带着中国风味的现代音乐把他推上舞台，演绎他的一生。如此妙不可言的回应，也是我们对同声相应同气相求的答复。

虽说忙忙碌碌，许久未曾有潜心研读的时日，但文字与写作，也似乎从未离我远去。

幼时的我，对读与写都抱有浅尝辄止的新鲜和探求未知的好奇。邻居家的葡萄藤，雨后阴冷潮湿的楼道，略显破旧却能攀登至顶的大理石柱，盛开的灯笼花，繁茂的小樱桃树，水坑中天光的倒影，鲜活的儿时玩伴和他们家中的猫、狗、鸡雏与白兔，都向我敞开怀抱，让我有了记录的迫切。最原始的方格本，深绿色的线条和发黄的薄纸，我还特意用银色的彩笔来写内容，生怕别人读懂看到——现在想来，虽然我能用更精准成熟的语言来描摹，但其中有孩童的真与爱，更是一种最原始的创作，最扎实的文字——那是之后任何一个时期的我，都替代不了、比拟不了的。

年岁渐增，我亦不可避免地陷入了迷茫。"公务化"的写作任务不断袭来，分数的紧迫，考试纸张与一千字方格的限制，不能写真人真事的尴尬，古诗词的化用与名言名著的引文都成了展示"才华与素养"的工具，甚至最后写出的作品都难免陷入"千篇一律"的境地——当时，我疲惫于翻来覆去地写着不真实的情感，在落笔之前都要斟酌这句话是否华丽而深刻，所做的一切都是为了求一个好看的分数。我自然无法说出"戴着镣铐跳舞"的掩饰之词，因为我无法从中感受到冲动，写下自己心之所想的愉悦，不能领略跳脱事外而又深陷其中的反复，更无法从我笔下的东西上触摸到灵动——它们只是静静地笑着，而不能眨明亮的眸子，或者面颊红润地开口说几句话。

但我也无法进行褒贬，也无意于给那段时间定性为"错误"。存在即有其合理的价值，这种迷茫中求索的经历以后定不会少见，其间我也持续地在沉淀与积累，也更加促使我明白"真"在文字中的意义。无论是写故事、抒己情，还是议论某个话题，构建一个全新的人物与他的一生，都需要以真实作为奠基。因为只有"真"才能打动人，才能唤起真正属于人本身的情感共鸣，进而小时候那些对于文字与阅读写作的零散回忆，是我最希望抛去一切浮于表面的事物，想要达到的最初的程度。

现在回望这些与文字相伴的日子，丰富了我的生活，体会到了"高山流水"的知音之情，也有所回望、有所启程。脱去了应试的束缚，我更希望细致地回忆过往，运用丰沛却克制的情感记录那些值得珍藏的人与事；希望能更多关注周遭的一切，那些社会中的小人物，他们的挣扎、困顿与希望更是永恒的主题；我也希望去写写我的家乡长春，或者更大一些的东北三省——它们带着重工业往日的辉煌与现实的悲哀，去写怎样在彻骨的寒冷中生发出不屈的料峭寒春。

而今站在一个全新的起点，这个起点也承载着我"朦胧而青涩的理想"。我只想徜徉在亲切却久违的文字间，让他们去浸染、丰富我，我也会使它们着我之色彩。

仍然记得苏童《水缸里的文学》一文中，我当时批注了"写得动人"的一段话："他们的好奇心包罗万象，因为没有使用价值和具体方向而略显模糊，凭借一颗模糊的好奇心，却要对现实世界做出最锋利的解剖和说明，因此这职业有时让我觉得是宿命，是挑战，更是一个奇迹。"

　　又逢着这般平凡却奇迹的文字——我近乎所有的梦想，都与它相关。

　　　　　　　　　　　　指导教师：王玉杰　杨治宇

逍遥游（小说）

引　言

　　正是花样的年纪，少年信笔写传奇。本部分所选的文章，不以求实，专攻虚境，以虚击实，虚实相生，刚柔相济。在虚拟的情节中，花路伸向无尽远，一棵树摇动一棵树；在天马行空的想象里，一朵云推动一朵云，思想摇撼心灵。在这些层层叠叠的故事里，身份的困惑、际遇的无常、肩头的使命、世界的荒诞、未来的希望、另外的宇宙或波澜不惊或惊天动地地展现着。

　　"鹏之背，不知其几千里也；怒而飞，其翼若垂天之云……水击三千里，抟扶摇而上者九万里。"少年作者们带着他们从未泯灭的好奇心和对年轻生命的思考鲲化鹏飞，逍遥游弋，细致入微地描画社会画卷、时代微光，也许他们的故事尚显青涩，但是唯深情可解深情，我们作为读者方有幸感受少年笔下的疾风骤雨、铁马金戈、黄沙暗夜、光阴逆旅和市井丹青。

复活节岛上的蚂蚁

◎2022 级 1 班　初亦楠

也许多年以后，当那只小蚂蚁在浪花间浮沉的时候，依然可以想起他的父亲给他讲述那些奇异石像的下午。

在一个南太平洋的小岛上，有一片原始森林，林中有一处蚁穴，穴里有一只游手好闲的蚂蚁。他平时最爱做的事情就是四处闲逛，寻找新奇之物。他看过每一棵"高耸入云"的棕榈树，见过每一座"雄伟壮丽"的火山，他踏遍洁白的沙滩，欣赏四周的大海，根本不用为生计发愁——这里的空气都是香甜的。

忽然有一天，他看到海天相接处驶来了一支庞大的队伍，他们有着独特的体形，高大威猛，周身披着树叶，脚下是被挖成空心的木头。这完美地激起了蚂蚁的好奇心，他在旁边偷偷看着他们登陆。他们似乎很是激动，俯身亲吻这片大地，手拉着手，载歌载舞。随后，他们开始劳作。

在蚂蚁的眼中，一根根擎天之柱轰然倒下，一座座比火山更神奇、更精致的建筑拔地而起，一团橘红色的物体莫名腾起，变幻着千奇百怪的形状……一切的一切都令他如痴如醉，令他感叹神迹的降临，他决定将这些拥有创造奇迹能力的动物，称为"人"，并将他们的事迹流传下去。想到自己将会成为蚂蚁历史上的"重要人物"，他不禁扬扬得意起来。

"人"的光辉事迹流传了几代，便很少有蚂蚁再提起，因为他们发现这些邻居有趣极了，每天都有不同的花样，谁还愿意听老掉牙的故事呢？另一只蚂蚁，也许是上一只的后代，反正是同样的不务正业。它目光敏锐地发现这个世界正在飞速地变化：大量棕榈树被砍伐，少量的田地和广阔的草原代替了丛林，成群的飞鸟聚于此地，带来每天终日不息的吵嚷。但是，最令他惊讶和不解的，还是岛上多出的几百尊石像。

那些石像神异非常，最开始还很矮小，但逐渐一个比一个高大，脸上的表情也越来越像人、他们的厚嘴唇透露出威严，高挺的鼻子展现出一丝帅气，笼着阴影的眼睛带着几分忧郁、几分坚定，方形脸则有着刚正的味道。他们以风为头饰，以雨做衣裳，屹立在海岸线边，不知在遥望何方。

经过对石像数年不懈的观察，他最终得到了一个结论——石像是人造的。他看到人在采石场雕凿着巨石，看到有人用绳子和滚木拉动石像前进，看到人在石像面前虔诚地跪拜，并奉上食物……诸多亲眼所见的证据有力地证实了他的观点，他决定将自己的这个大发现作为天地至理传授给其他蚂蚁。想到自己将成为蚂蚁科学史上鼎鼎有名的大人物，他非常激动。

关于石像的大发现没有引起广泛影响，仅仅是那些继承了他的旺盛好奇心和不务正业的后代们，一代代津津有味地听着这件奇异的事。

不知多少年过去，这个不务正业的家族传至最后一代。面黄肌瘦、缩水严重的他已经几天没有进食了。他虚弱地爬过荒凉的大地，四处是焦黑的土地；再也听不见鸟鸣的喧嚣，它们早已被捕食殆尽；再也闻不到芳香的空气，它早已染上荒凉的味道；连人有趣的事也消失不见，他们吃尽了地里的白薯，杀光了岸边的海鸟，捕没了海边的鱼虾。他们甚至连离开这座孤岛都不能，因为数千年的安逸，早已使他们丢弃了祖先引以为傲的航海技术，只能被困在这座死寂的岛屿上度过余生。在绝望的驱使下，人性之恶开始暴露得肆无忌惮，惨剧、悲情，一幕幕在蚂蚁的眼中早已见怪不怪。他想离开这里，却只能站在石像上无奈地望着远方。

忽然，海浪卷起了怒涛，空中刮起了狂风，小蚂蚁被瞬间刮入天空，落入波涛。在浪花起伏间，他听到人们惊恐的高喊，听到大自然愤怒的呼啸，他感到自己一点点落入水中。他想要努力抓住什么，却什么也抓不住；想呼喊什么，却发不出什么声音。最后一眼，他看到了巨大的石像，那使他想起了那个听父亲讲述故事的下午，那是一个阳光明媚，可以不务正业的美妙下午，真美好啊……

时光在这里仿佛按下了暂停键，直到 1686 年一位英国航海家登上这片大地，这座经历了繁荣与荒凉、幸福与苦难的小岛有了自己的名字——复活节岛。它是南太平洋里的一座坟墓，埋葬着一个部落的历史，而那些屹立在海岸线的石像，是这座岛的墓志铭，铭刻了一个文明过去的辉煌。

生于复活节岛的蚂蚁，从诞生之日起，他的命运注定是灭亡，因为复活节岛是一座孤岛；但以世界之大，宇宙之大，所谓"孤岛"又何其多呢？

指导教师：王　瑞

孤 勇 者

◎2021 级 8 班　盖　墨

　　张晓明走在西安的古城墙上。晚霞惨淡地铺在天空上，鲜红得像血，那摊见过以后这辈子就再也忘不掉的血。台阶上有人卖艺，悲凉地吹着唢呐。张晓明腰椎间盘突出，但他还是费力地弯下身去，在纸盒里放了二十元钱。

　　1977 年，张晓明出生在陕西农村。小时候家里穷得几乎没法过活，父母没法供他上学。既然上不了学，还不如去让他学艺，将来有本领立身。于是，父亲带着晓明去村里的唢呐师郭家拜师。

　　郭家虽不富裕，但条件比张家好不少。两人在屋里见到了一个瘦高的老头。老头秃着头，穿着发黄的白汗衫，拿着破蒲扇，但脸上的神情很威严。他闭着眼睛，好像没看到父子两个。父亲恭敬地站在下面，张晓明更是吓得一声不吭。良久，父亲咳嗽了一声，郭老头听到，睁开了眼，才站起来迎客。

　　当父亲谈到拜师一事的时候，郭老头起身，瞧了瞧晓明。他知道这孩子挨过饿，气色也不太好，不是吹唢呐的料。但依旧承诺收下了他。父亲喜形于色，马上让张晓明磕头拜师，然后回到家里取了铺盖。

晓明在郭家的第一年，郭老头给了他一根长长的芦苇秆，让他每天练习从河里吸水，吸不上来就要多干活儿。张晓明用尽全力，但一直以失败告终。于是他不得不每天在郭家忙前忙后，干的活儿比师母都多。晓明的能干郭老头看在眼里，但始终没有说在嘴上。不久之后，晓明拿到了人生中第一支唢呐。郭老头教他一些常规曲目，并告诫他"唢呐离口不离手"，丢了唢呐要挨很重的打。

今天是村里老村长的葬礼。郭家班受聘来到了仪式上。一些常规的吹打过后，老村长的儿子跪在郭老头面前，求他演奏一曲《百鸟朝凤》。但郭老头只是笑了笑：

"《百鸟朝凤》只可以在德行好的人的葬礼上用，村长生前贪过污，就免了吧。"

不管那人怎么求郭老头，不管他开多高的价钱，郭老头也不理他，带着班子走了。

张晓明在一日日长大，渐渐成了十七八岁的小伙子；郭老头在一天天衰老，眼看着年入古稀。

很快郭老头挑了日子，把班子传给了张晓明。这也意味着，张晓明可以学习《百鸟朝凤》了。

仪式当天，郭老头拿着一代代传下来的金唢呐，亲手递给了晓明。"只有把唢呐吹在骨子里的人，才会拼了命去捍卫这个事业！"郭老头如是告诫着。

张晓明撑起了一片天，他不再是师父的小跟班，他是张家班的头！对于郭老头他却有着更加的崇敬和尊重。

渐渐地不知为什么，张家班的活儿少了。人们有红白事的时候不再找唢呐师，开始请管弦乐队，流行歌手，甚至有一次张家班一个多月没接到活儿。唢呐衰落了，张晓明不知道自己哪里有错，他以十年的代价学来的手艺很快要派不上用场了；郭老头也不知道自己哪里有错，曾经唢呐师在村子中无比的声望已经逝去，留下的只是一个病痛的躯壳。

不久后在泥水匠老韩的葬礼上，郭老头决定演奏一曲《百鸟朝凤》。他用力地吹着唢呐，尽力地送这位老实人最后一程。张晓明在旁边做副手，他知道老韩和师父是至交，这首《百鸟朝凤》不允许有任何差错。

突然张晓明听到唢呐声小了下去，郭老头不吹了，一口血喷在了地上。众人唏嘘，很快又静了下来。郭老头嘴唇沾着血，把手里的唢呐递给晓明，示意他吹下去，然后抢过晓明手里的镲。乐声又起，郭老头每用力地打一下镲，他瘦弱的身躯都会震动一下——他是用命来换取了唢呐师最后的尊严。

张晓明背着郭老头去省医院，换来的是肺癌晚期的诊断。师娘早已过世，郭老头又没有子嗣，他当即立下遗嘱，把不多的家产全给了张晓明，要他把张家班好好办下去。

奇迹终究没有出现，两个月后郭老头病逝，张晓明陪他到了最后一刻。在葬礼上，他泪流满面地吹起那首《百鸟朝凤》，手中的金唢呐仿佛有了生命，伴随着他在音符的天空里飞翔着。来参加葬礼的人不多，几乎都是一些老人，他们和张晓明一样，哭了。

郭老头一走，张家班土崩瓦解。活儿越来越少，师兄们纷纷去外地打工。直到整个张家班只剩晓明一个人。不久，为了养活孩子，他不得不到省城西安当了一名工人。

那天的城墙上的晚霞很美，张晓明突然想到了郭老头的一生。他心里突然除去了在生活重压下的麻木，只有满满的愧疚和自责。他走到卖艺人面前，吃力地弯下腰去，给了他二十元钱。

艺人猛然抬头，晓明震惊了。那是曾经的师弟。

张晓明闭上眼睛，想到了那支金唢呐。它已经在木盒里放了很久很久了。

——故事根据电影《百鸟朝凤》改编

指导教师：艾　群

怪　　嘴

◎2022 级 21 班　俞泓宇

这是一个很脏的世界，由于各种污染，尤其是大气污染，人们日常出行，口罩已经是必需之物。更有甚者，哪怕戴口罩也会引发支气管炎等一系列疾病。

我生下来时，嘴巴便与别人不一样。

医生说我的嘴很特殊，跟猪鼻子很像，同时它也有着与猪鼻子一样的过滤作用。但奇怪的是，我那形状怪异的嘴，并不会影响我的进食与交谈。更奇怪的是，通常新生儿在诞生时会因为空气中严重的污染而感染一次肺病，人们给这次的感染起了一个神圣的名字——"新生"，但我却没经历过"新生"，或许是因为我那张奇怪的嘴。

我不明白这究竟是好是坏，但却的的确确改变了我的生活。

刚上小学时，母亲就告诉我要好好遮住我这张嘴，那时的我还不明白，还很疑惑，但是也很好奇为什么母亲和我长得不一样。

不过到后来，我也就明白了。

我记得那是在我五六年级的时候，当时刚开学，我们班转来了一名新的同学，那名同学身材瘦削，斯斯文文，戴着一副眼镜。不过跟那些正常人比较，他的额头中心有一块红色的胎记。

我清楚地记得那时他在上面自我介绍时下面的嘲笑声。哪怕是在后来，他也是被欺负的对象。

我很庆幸我很好地把自己隐藏住了，也很可怜那名同学的遭遇。也许是可笑的同情心作祟，我产生了一股向他摊牌的冲动。也就是那时候小，什么也不懂，就把自己给害到了。

有一天，在他被欺负后，我悄悄地走到他旁边，拍了拍他，对他说道："不用太难过啦，我其实跟别人也有点儿不一样的。"说着，我迅速地把口罩拉下来又拉上去。

但是，我后悔了。不仅是在看到他惊恐眼神的那一刻，而是一直在后悔。

他跑掉了，只留我一个人在那里不知所措，我也不知道那是不是对的。不过，很快我就知道了。

错！错得离谱！怪胎应该相信其他人吗？！不！

这是我在看到他带领着一直欺负他的人又返回来时，我的想法。我怀着最后一丝侥幸，看向他，问道："你们是在玩儿游戏，对吗？"我也不知道为什么当时会问出这么蠢的问题，也许是看到这种场面后的害怕，抑或是不可置信。

啪！

一声脆响，彻底打破了我的侥幸，也打碎了我与人们正常相处的可笑梦想。

"猪猡的嘴只能发出猪叫哟！"

我愤怒地看着他，但更多的是不解。他别过头去，我恍惚间还看到了他叹了一口气。至于剩下的，我只能记得别人对我的拳打脚踢和放肆的嘲笑。

小学终于熬了过去，我本以为上了初中后我再好好隐藏自己就不会受到伤害了，但是天公不作美，曾经的一个霸凌者与我在同一所初中，甚至是同一个班级。

然而这个时候，母亲的病逝令我变得更加孤僻，从此也只能过着领政府救济金的日子了。

由于长期霸凌，我并没有考到很好的学校。不过令我安心的是，在那里，不会再有霸凌了。

苦尽，或许不会甘来，但肯定会让已经被苦难磨碎的人感受到一丝温暖。

我遇见了一个女孩儿。她的眼睛很漂亮，头发乌黑发亮，看着她，尤其是她的眼睛，有种乌黑发亮的感觉。但是她很少与人交流，她就像一株高岭之花一般，可远观而不可亵玩。

也许我是一见钟情了。

因为自卑，我只敢偷偷地瞄着她，每次她向我这边看时，我就会立马回身坐好。但是也许是因为我表现得太过了，她似乎是发现我了。

每次看向她时，我总会看到她在看向我，而我发现她看我之后，就会迅速地别过头，而她也仿佛找到了什么好笑的事情，从此笑容经常挂在脸上。

有一天，那是一天放学，我被她强硬地拉到了一间小屋子。

她瞪大了她那双美丽的眼睛，略带侵略性地对我说道："小子，你是不是喜欢我啊?"我咽了一口唾沫，不知怎么回答。

"快说!"她忽然大喝道，我的大脑嗡地一下，不假思索，点了点头。

她见我点头，咯咯笑了起来。忽然，她把手放在了她的口罩上，一拉。

我震惊了，震惊之余急忙把她的口罩拉了上去，并死死地捂住了她的嘴。我低吼道："你疯了?! 在这种地方你怎么敢摘口罩的?"

她看到我这副样子，仿佛也被吓到了，泪水在眼眶里打转。在我确认这地方确实安全后，我拉下了我的口罩并且迅速地又拉了回去。

这回轮到她震惊了："原来……我并不是一个人啊……"

这下子她的眼泪彻底绷不住了，宛如决堤的大坝。我轻轻擦去她的眼泪。

从此，我们成了无话不谈的好朋友。

她跟我说，她很小的时候，因为她那奇怪的嘴，父母就不要她了，只把她寄养在奶奶家里。我很庆幸，因为我还有母亲。而她也从小就知道了这张嘴会给她带来什么，所以她把自己保护得很好。直到前些天，发现了我对她流露出的喜爱，那种带着些许卑微的喜欢，让她选择鼓起勇气坦白，但没想到居然会遇到同类。

就这样，我们高中毕了业，考入了同一所大学。我们成了家，都有了工作。

可是厄运终究是又找上了门。

环境污染加剧了，口罩能起到的作用也变得微乎其微。但是我们的生活没有受到什么影响。仔细想想，我们从小到现在也没感染什么有关污染的疾病。也许，我们就是天命之子？

但是，随着一则新闻，我们的心彻底乱了。

《惊现！原来这种嘴能够防止污染！》

原来，不是只有我们两个变种人。原来，我们还有同类！

可那又有什么用呢？

就在新闻发出的第二天，就有人开始游行，高喊打击变种人的旗号，这是最常见的。也有的人疯狂支持变种人，说要与其生育后代。总之，各种各样的人层出不穷。甚至有的国家还要强制寻找变种人去做研究以拯救全人类。

只能说，可笑至极。

我和她商讨了一番，我们的意见很一致——宅。我们网购了许多生活用品、食物、水，并且把家里面改造成了能种植一些水果蔬菜的环境。

就这样，一待就是三年。

每天的生活虽然单调，显得有些无趣，但是她在我的身边，我在她的身边，这就很有趣，不是吗？

直到两个月前，她怀孕了。我不得不走出家门，去购置一些孕妇的必需用品。但是出来后，我发现大街上几乎没人。我看到了一个人，向他打了打招呼，他看见我，很是惊奇，向我跑过来。

我看向他，更是大受震撼，他并没有戴口罩，而在他鼻子下面的，正是和我一样的嘴！

他看向我，问道："伙伴，没看到过你啊，哪里来的？"

"我一直就住在这里，只不过已经将近三年没出过屋子了。"

"嚯，兄弟你可以啊，能活到现在，是不是也有张怪嘴啊？"

"怪嘴？那是什么。"

他指了指他的嘴："就这个。你要是也有的话，就可以把口罩摘掉啦，咱们能在这种恶劣的环境呼吸的！"

"那普通人呢？"

"基本死光了吧，我想应该是这样的。对了兄弟，你说你宅了三年，为什么突然就出来了呢？"

"我老婆怀孕了。"

"什么，你老婆怀孕了？！这可是天大的好消息啊！快带着你老婆，我们一起去营地！"

…………

八个月后，我的孩子诞生了，他是真正意义上的第一个变种人。他很可爱。

也许这曾经是一个很脏的世界，但是我想，现在，它干净了许多。

指导教师：王宏伟

关于张佳佳的一切

◎2021 级 14 班　　张书瑜

一

张佳佳是一本小说里的配角。

你可以轻而易举地认识张佳佳。公园里那个扎着辫子荡秋千的小女孩儿是张佳佳，放学时间从校门里涌出的叽叽喳喳的穿校服的女生，那里面一定有张佳佳。商业街里一边讲着电话一边吃着冰激凌的那个是张佳佳，去银行或是别的什么地方排队办事，柜台后面朝你露出标准八颗牙微笑的女孩子就是张佳佳，幼儿园门口一边等着孩子放学一边聊着葱和猪肉最新价格的女人是张佳佳，而你如果想认识老年的张佳佳，只需要在小区的健身器材边走上几圈，一个张佳佳就会一边蹬着固定自行车，一边和你聊起最新的邻里新闻。

张佳佳是一个配角。

任何一个读者翻开小说，都不会记得有张佳佳这个名字，他们只会一目十行地跳过张佳佳出现的那一段，事后回忆起来，也只会记住女主角上学时成绩很好，后桌的女生常常问她题，而那个问问题的女生，就是张佳佳。

二

但是张佳佳还是有点儿特殊，特殊在于，她知道自己是一个配角。

这个认知从何而来已经说不清了，但是，张佳佳很清楚地知道，她是一个配角，而且她有很多证据。

小的证据比如：张佳佳高中时乘公交车上学，她从来没有误过一次车，车也从没有一次晚过点。张佳佳早晨六点从家出发，六点十分坐上公交车，六点三十分进入校门，精确得像是一趟有轨电车。公交车站旁边有一家报刊亭，张佳佳无数次想要提前几分钟出门，去那里看一看，买上一本杂志，但是她从来没有成功过，无论她怎样尝试，都会因为各种各样的事情耽误时间，最终在六点整踏出家门，六点十分到达公交站。有一天，张佳佳打算迟到，她目送公交车开过去，冲向了报刊亭，却发现亭子关着门——今日歇业。

——因为作者不会去描写一个配角坐公交车之前挑选杂志的细节，他们只会轻描淡写，一笔带过——"她一向很准时。"

大的证据是：张佳佳无法自己做出重大选择，她的人生是被规定好的，一个在她脑袋里存在着的声音时时刻刻提醒着她必须去做什么。

——"你喜欢粉红色。"

——"你不擅长打网球。"

——"你应该学理科。"

——"去上师范大学。"

——"你应该结婚。"

——"你该要孩子了。"

以及"和司予见面"。

三

张佳佳不仅知道自己是个配角，她还知道谁是主角。

司予。

一切从名字就开始注定。张佳佳，平凡的，普通的，全中国有多少个人叫张佳佳？张佳佳的数量不可计数。张佳佳对自己的名字感到悲哀，从姓氏到叠字，这本小说的作者一定是懒得费心去想每一个配角的名字，于是随手在键盘上敲下一串文字——不过话说回来，张佳佳的人生，也不过就是他随手敲下的一串文字罢了。

但司予不一样，司予，朗朗上口，与众不同，司，主宰，予，自己，司予能主宰自己的命运，司予永远活得那么精彩。

张佳佳第一次见到司予是在高中。这本小说应该也就是从女主角的高中时代开始的。司予是转校生，她一走进来就吸引了所有人的目光，她用女主角特有的甜美的声音和女主角特有的落落大方的姿态介绍了自己，赢得了女主角特有的全班同学热烈的掌声。接着她走向那个女主角专用的靠窗倒数第二排的座位，这样，每天上午的阳光和傍晚的晚霞就能透过窗户勾勒出她青春朝气的侧脸。

张佳佳是她的后桌，她身后靠着墙，旁边没有窗户，整个人总是被笼罩在淡淡的阴影里。

司予很美丽，司予很聪明，司予很善良，司予的作文总是被点评，司予的名字总挂在光荣榜上，司予还参加了学校的网球队，老师们交口称赞司予，同学们都喜欢司予。张佳佳和司予的唯一交集，就是张佳佳会在每次周测后小心翼翼地请司予帮自己讲一下物理大题，司予会毫不犹豫地答应，耐心地讲解，是啊，毕竟她是司予。

如果不是那天中午张佳佳发现司予的摘抄本上和她抄了同一首博尔赫斯的诗，她几乎以为，自己这个配角存在的唯一意义就是凸显司予的成绩好和乐于助人，不过，现在看来似乎还有别的用处。

——"去问司予她是不是喜欢博尔赫斯。"

她鼓起勇气问了司予是不是喜欢博尔赫斯，司予很惊讶，她问你也喜欢博尔赫斯？是啊，我喜欢他的诗，张佳佳回答，她不知道这是不是作者安排的，但她的确很喜欢文学，在桌斗里藏了好几本小说和诗集，她突然问司予，你最喜欢他的哪首诗？

那天中午，张佳佳和司予聊了四十三分钟文学，在结束的时候，张佳佳明白了作者为什么要这样安排。

司予说，她很喜欢文科，所以想要转去文科班。

四

司予最后还是转去了文科班，尽管每个理科老师都对她进行了苦口婆心的劝说。张佳佳在老师办公室门口偶然（也可能并不是偶然）目睹了这样一幕。她们的班主任物理老师无奈地叹着气说，孩子，你理科天赋这么好，去文科班不是浪费了吗？司予微笑着，很有礼貌地说，老师，我真的很喜欢文科，我想，人生只有一次，我还是想选择自己热爱的生活。

张佳佳知道自己应该走了，她已经以打水的名义在走廊上磨蹭了五六分钟，可是她还是忍不住看向办公室的门口，司予的背挺得直直的，神态是那么自信，下午四点的阳光穿过白色的窗棂斜斜地打在她的脸上，照亮了她鬓角上细细的绒毛，她身体的每一寸好像都在发光。

那一刻，张佳佳突然无比嫉妒司予。

老师们劝说张佳佳并没有费很大工夫，那甚至说不上是劝说。班主任在自习时间展示了几组数据，是文科和理科的一本率和录取线，他说："学习成绩中等的同学，就安安心心待在理科吧，文科一本线可比理科难考，而且理科专业多，就业机会也多啊。"

——"你应该学理科。"

就是这样，没什么商量的余地了。张佳佳把填好的文科申请表折了一下，随意夹进了一本书里。

她之后再也没找到过那张表格。

五

张佳佳后来又见过司予几次，在走廊里或者操场上，她依旧很爱笑，身边朋友众多，她笑起来的时候头会轻轻地左右晃动，高高的马尾跟着一跳一跳。

张佳佳理了短头发，方便打理，她节省下所有的时间对付那些公式和数字。

司予还是活跃在光荣榜上，同样活跃在各种活动里，张佳佳去看过她的一场辩论赛，隔着半个礼堂的人头攒动，她看见了司予挺直的肩背和挥动的双手，大段大段的精彩辩词从她嘴里倾泻出来，化作一道夺目的强光。

张佳佳在鼓掌的间隙低下头去，在物理作业卷上涂抹着数字和符号。

张佳佳是一个配角，此时，她就是那种最常见的高中女生，容貌和成绩一样平平无奇，却会用蓝色的工整的字体认真地填满每一个卷子上的空隙，她坐在教室后排的角落，你永远只能看到她乌黑的发顶。

博尔赫斯和伍尔夫已经被束之高阁，取代它们的是一摞摞的笔记和错题集，在自习室明亮的白炽光下，张佳佳再也没有抄过一行诗。

——"你现在应该努力学习。"

六

张佳佳最终还是上了那所离家很近的师范大学。

她的高考成绩不高不低，没有给人任何惊喜，却也没有让人失望。查完成绩之后，她看向父亲和母亲的眼光，他们没说什么，但张佳佳已经明白她要做什么了。

——"女孩子，还是安安稳稳地当个老师吧。"

脑海里的声音提醒她。

张佳佳的大学生活也是平淡无奇的，可以一笔带过的，作者很可能一句话都懒得交代，张佳佳只是在朋友圈和闲谈中得知了司予生活的几个片段。

司予高考考得很好，去了一所名牌大学，在学校加入了学生会，还拿了多次奖学金，毕业之后，她又读了硕士，读了博士。

张佳佳毕业之后直接去了一所小学工作，每天教一群叽叽喳喳的小学生学习英语，安安稳稳，平平凡凡，她的工作就像一辆有轨电车，从轨道这一头可以直接望见那一头，一周五天，两个假期，六年之后再六年，没有起伏，没有变化。

这就是张佳佳的人生。

七

张佳佳二十七岁那年结婚了，二十八岁生了第一个孩子，丈夫是相亲认识的，条件一般，但很合适，更何况她的人生已经走到了应该结婚的年纪，那个声音已经在提醒了。

司予没有结婚，她也许不会结婚，也许明年就结，她要等，等一个合适的人，步入一段有爱情起始的婚姻。

…………

张佳佳之后的人生没有什么好说的了，每一个配角与主角交集之外的人生都没有什么好说的。有些时候，张佳佳感觉自己做了一场梦，睡醒了，三十多年就过去了，她上班，下班，接孩子，辅导作业，做饭，洗衣服，日复一日地辗转在洗衣机和锅铲之间，她成了那种最平凡的女人，就是你在菜市场和学校门口随处可见的那种妈妈。然后孩子长大了，妈妈变成了奶奶，女士变成了阿姨，很多人走出了张佳佳的生活，很多人又走进了张佳佳的生活，她现在也许不能叫张佳佳了，身边的人给她起了一个新的名字，叫张姨。张姨会在厨房里煲排骨汤，张姨会戴着老花镜不厌其烦地摆着扑克，张姨会守在电视机前追那些被称为"中老年档"的家庭伦理电视剧，张姨会在每一次擦相框时默默地怀念一下自己的老伴。

但是张姨不会看博尔赫斯，哪有一个张姨会看博尔赫斯呢？

直到那一天，张佳佳又见到了司予。

八

司予是回家探亲的，她早就不在这个城市生活了。

——"去见司予。"

脑海里的声音对张佳佳说。

明白了，张佳佳想，她的最后一次出场，她的作用，一个各方面都很平凡的配角会见到特别的主角，以此衬托出主角的与众不同。

她在家里的客厅接待了司予，司予还是那个司予，即使年纪和她一样了，可她眼中的司予没有一点儿变化，依旧是神采奕奕，依旧是光芒四射。

司予最终还是没有结婚，她选择了自己热爱的道路，成为一名作家，张佳佳偶尔会在报纸和杂志上读到她的文字，读到她的文学评论，她还是很喜欢引用博尔赫斯的诗。在此之外，她还参加了业余网球队，参加了许许多多张佳佳不知道的会议和活动，司予已经完完全全地走出了这座小小的城市，走向了广阔而美丽的世界。

她们坐在张佳佳家小小的客厅里，秋季清冽的阳光让一切显得都恍恍惚惚，犹如梦境，空气中被阳光照亮的灰尘旋转舞动，厨房里慢炖的鱼汤不急不慢地吐着暖融融的香气。

"佳佳，有时候，我也挺羡慕你这种平平静静的生活呀。"司予说。

她该说什么呢？张佳佳沉默了，她的喉咙像是被什么东西堵住了，她突然想说点儿什么，有什么东西从她的身体深处爆炸了，急需倾吐出来，她想说那辆永远不会迟到的公交车，她想说买不到的杂志，她想说折起来丢掉的申请表，她想说删除了的考研资料，她想说没发出去的实习简历，她想说那张匆忙拍摄的结婚照片，她想说孩子，想说菜市场，想说厨房和调料，想说洗衣机，她想说搬家时没有带走的书架，想说火光里，被撕碎烧掉的草稿和梦想。

她最终还是没有说这些，只是摇了摇头，带着开玩笑的语气，却又无比认真地说："司予，你不知道我有多喜欢你这个名字。"

司予，你不知道我有多想成为你这样的主角。

她的目光穿过了司予，定格在时光洪流的很久之前，她看见了还是初中生的张佳佳，讲台上，老师正在登记着报名参加网球队的人选。

还是初中生的张佳佳右手不安分地在桌子下扭动，颤抖着，手指一抬一抬，有几次，她的手几乎已经举起来了，举到桌子上了，可是最终还是放下了，放下了，好像被什么东西压住了，那只手奋力地挣扎着，最终还是不动了。

她目送司予离开，透过窗户，她看见司予轻快的步伐，听见高跟鞋在地面敲出一串清脆的音符，轻松地跨越了那些年久失修的道路上的坑洼。

司予走得那样快，她跟不上。

九

"所以，妈是认为……她活在一本书里？"

戴金丝眼镜的男人不可置信地摇摇头。

"确切地说，张女士是认为，自己是一本小说中的配角。"医生说。

"配角？那，主角是谁？"

"主角是一个叫司予的女人，张女士有向你们提起过这个人吗？你们认识这个人吗？"

男人和女人互相看了看，摇摇头，他们完全不记得妈妈提起过这个名字。

"张女士现在的情况不是很严重，这是老年痴呆的一种，她的大脑可能混淆了年轻时的记忆，把那时候认识的什么人当成了主角……

她现在的症状不会影响生活，不过我还是建议呢，做子女的要关注一下父母的心理健康，多和你们的母亲聊聊天，说不定哪天啊，她就明白过来了……"

深秋的风给这所医院的走廊送来清爽的气息，张佳佳坐在走廊尽头的长椅上，看着瓷砖上树叶的影子，不知道在想些什么。

十

男人和女人，他们坐在张佳佳的客厅里，女人的手里，拿着一个蓝色的布面小本子。

"妈这段时间还好吧？"

"还好，就是有时会自言自语……现在晓峰陪她下楼遛弯儿去了，医生说，每天散散步，对她有好处。"

"嗯……"

男人望向窗外，树枝摇曳，发出沙沙的声响。

"对了，我发现了这个，在老家找到的。"

女人将本子递给男人。

"这是什么？"

"你看看吧。"

十一

2001 年 3 月 2 日

我不喜欢我的名字。

今天用妈妈的电脑查了一下，全国有十五万人叫作张佳佳，有十五万人跟我有一样的名字。

我们年级就有四个人叫佳佳，这个名字好普通，一点儿也不好听。

我想给自己起一个新名字。

我翻了好长时间词典，最后我决定给自己起名叫"司予"——司，主宰。予，自己。

主宰自己，多酷！

等我 18 岁，我就要去改名字。

…………

2002 年 6 月 1 日

我喜欢那个蓝色的小汽车，可是妈妈说，女孩子要漂漂亮亮的，不能淘气，所以给我买了一条粉红色的公主裙。

裙子很好看，但我还是很喜欢小汽车。

…………

2004 年 5 月 19 日

今天学校网球社团开始报名了，我有点儿想参加，可是参加的好多都是男孩子，我一个女生，参加会不会很尴尬呀，还是算了吧，哎。

…………

2005 年 8 月 16 日

今天是高中开学的第一天，我准备好了自我介绍，可是站在讲台前面，又犯了紧张的毛病，最终只是说了我叫张佳佳，同学们鼓了掌，但是掌声稀稀落落的。

是啊，谁会记住张佳佳这样的名字呢？

…………

2005 年 9 月 30 日

在作文里引用了博尔赫斯，但老师好像没读过他的诗，问我这是不是我背的作文选。

2006 年 3 月 1 日

想学文科，可是老师们都说，文科不好就业，理科升学率高。

像我这样成绩平平无奇的学生，也许理科确实是最好的选择吧。

可是我真的很喜欢文科，我不舍得放弃历史。

回家问了爸爸妈妈，他们都说我应该学理科，学理科才找得到工作。

最终还是决定，留在理科班了。

2007 年 5 月 3 日

老师没收了我的写作本，还告诉了家长。

我是一个学生，我现在应该学习，不能想和学习无关的事情。

但是，我真的很想成为一名作家。

2008 年 6 月 25 日

高考成绩出来了，和估的分差不多。

老师和爸妈都建议我报师范大学，虽然我想去的是另外一所大学，读中文系。

但是他们说，学师范好找工作，女孩子当个老师很合适。

好吧。

…………

2012 年 7 月 18 日

要毕业了，不知道是继续读研究生好，还是向企业投简历。

最后还是决定当小学老师，这所小学的待遇不错，虽然工资一般，但是有编制。

爸妈说，普普通通，安安稳稳，挺好。

2015 年 4 月 1 日

要结婚了，其实有点儿恍惚，想不到就要这么结婚了。

我不知道我爱不爱他，但是他挺合适的，我知道他也是这么想我的。

他们说，27 了，该结婚了。

2016 年 6 月 3 日

开始备孕了，老公的家人说，想要两个孩子。

想起小时候看妈妈生弟弟，信誓旦旦地说自己将来不会生小孩儿，哈哈。

…………

2047 年 3 月 24 日

回到老家，看到了这本日记，三十多年前的东西了，感觉有点儿陌生。

用一个下午的时间读了一遍，突然感到很难过。

我发现，我的一生，从来没有自己真正地选过一次，从来没有尝试着迈出一步。

我就这样过着他人眼里安稳的生活，过了整整一辈子，每一天都像前一天一样，重复了几十年。

我知道这样想不对，但是我总是忍不住想另外一种可能。

——如果我参加了网球队。

——如果我选择了文科。

——如果我没有报师范大学。

——如果我继续读研究生。

——如果我没有匆匆结婚。

——如果我没有生两个孩子。

——如果我……

如果，我叫司予，主宰自己人生的司予，而不是张佳佳，平凡又普通的张佳佳。

我的人生，会有另外一种可能吗？

好想，试一试啊。

十二

男人合上了日记，在短暂的时间里，他和女人什么都没说，庞大的沉默充满了整个空间。

"想不到，妈居然有那么多遗憾。"

"妈一直在被迫做选择，一直没有勇气改变和尝试，所以她想象自己是一本小说里的配角，一个无法主宰自己人生的配角……司予是主角，司予是妈的理想，她什么都敢做，什么都敢尝试……妈想重新来过，过司予那样的人生。"

"我真难想象妈像……司予那样，从我出生起，妈妈就是妈妈了。"

"可是，妈妈并不是为了当你的妈妈才来到世界上的。"

两个人又沉默了，窗外，摇曳的树枝发出沙沙的响声。

男人突然没头没尾地说："妈写的钢笔字真好看。"

女人愣了一下，也说："想不到妈喜欢博尔赫斯。"

两个人对视，然后笑了。

尾　声

这是一年的除夕，从城市的上空望去，你会看到一片亮亮的黄色，仔细看，那些黄色由一户一户人家窗户里透出的灯光组成，你从那些窗户里看进去，就会看到张佳佳。

张佳佳就在窗户旁边，她在听歌，在写日记，在读书，在包饺子，她们都是张佳佳，这世界上无数的平凡又幸福的人，她们都是张佳佳。

"在物理学上，有这样一个理论，薛定谔的猫。在观测之前，盒子中的猫处于既生又死的叠加态，只有观测者打开盒子的一瞬间，无数种关于这只猫的可能性才会坍缩，坍缩成一个唯一确定的现实。所以，所有的选择的结果只会在做出选择的那一瞬间才能注定。"

电视机中，戴金丝边眼镜的年轻教授说道："我们总是纠结于过去的选择，懊恼自己错误的决定所带来的遗憾，我们也总是会将自己并没有做出的那个选择的结果想象得无比美好，认为我们的人生本应该有另外一种可能——"他顿了一下，然后说，"但是，我希望在座的各位，在新的一年中，接受生活这只小猫现在的状态——我们永远没有办法改变过去，那么请相信，现在，一切就是最好的安排。"

留声机在唱：

在愿望的，最后一个季节

解散所有，清晨和黄昏

…………

2050 年 1 月 23 日

今天是除夕，除了小旭在做采访，孩子们都回家了，桐桐神神秘秘的，给我带了份礼物，我问她是什么，她还怪不好意思的，说让我自己看。我还以为是什么，打开看了看，是一本博尔赫斯诗集，精装版的。真是的，过年给自己老妈送博尔赫斯诗集！

桐桐把小熙和畅畅也带回来了，现在正在厨房里，吵着要和他们的妈一起包饺子，我本来也要包的，还要把窗台擦一擦，可他们非不让，说这个年就让我闲着，当一回衣来伸手饭来张口的闲人。

于是，我就坐在这里，手边是博尔赫斯诗集，窗户外面，有烟花的声音，厨房的热闹有些遥远，像背景音乐一样模模糊糊的，如果我的人生真的是一本小说，到这里应该就是一个圆满幸福又普通的尾声了。

女主角度过了精彩的一生，在故事的最后，她遥望城市的万家灯火，在一片橘黄色的温暖的热闹之中，一万个配角度过了一万个平平淡淡的一生。

我曾经很想成为司予，但是此刻，就在此刻，我想，我开始喜欢张佳佳这个名字。

佳，佳，两个佳叠起来，就是双倍的好，双倍的幸福。

在愿望的，最后一个季节，
记起我曾，身怀利刃。
是谁来自，山川湖海，
却囿于昼夜，厨房与爱。
…………
他说孩子，去和昨天和解吧，
就像我们，过去一样，
就像我们，过去一样。

指导教师：杨治宇

黑　土　之　下

◎2021 级 14 班　宗千然

"死不是生的对立面，而是作为生的一部分永存。"

盯着田垄上黯淡的月光、潦草的矮山，我总是会对苍凉的故土涌动起澎湃的情绪。从来不是一个感性的人，却每每在返乡后的夜里，对着简笔勾勒的粗犷线条莫名地想要流泪。也许迷迷茫茫的雪遮住了这片土地的朝气，暗紫色的天空下连一只黄狗也没有，一望无际的旷野缓缓舒展向看不到灯光的暗黑。万籁俱寂，北风停下了脚步，天地静得像是被时光遗忘，成为一座孤城。其实我不是害怕孤独，我只是害怕遗忘。害怕没有朝气的村庄把它的过往遗忘，也害怕驼背的姥姥再也凑不齐一桌麻将。

那年元宵节是在姥姥的平房里度过的。

早上起来时天还是黑的，北风一下又一下地吹着，吹着院子里的小彩灯摇摇晃晃，萧瑟极了。

不知从哪里传出一阵鸡鸣，号角般吹醒了太阳。我向鸡鸣处抬头，正看到一束激越的光线从远山上朝我奔来，冷风也忽地醒了，带着昨夜残留的爆竹味冲撞过来，直把发丝向后裹挟，我就这样与元宵节撞了个满怀。

姥姥拿着一个保温杯走出来，与我并肩看日出。一股浓郁的桂花香溜进了我的鼻尖："这么浓……姥姥……"

"没事的，我就破例这一次。"她安静了一会儿，摇着头对着瓶口轻轻吹了吹，水汽慢慢升腾，向上盘旋着上升，直到消散在空气中。她盯着杯中打着旋的桂花，自言自语道："就是忍不住想他们了。"

隔着袅袅的水汽，我看不清姥姥的神情，但我知道那是属于她一个人的回忆，应该是很久很久以前的故事了，会有晚风中载着她回家的自行车，会有漫天的红霞，会有青涩的少年送给她金灿灿的桂花。她想起门前清澈的小溪，想起低矮的山丘，想起那条满是星星的小路……她沉浸在自己身轻如燕的时光里，见到了那些熟悉的人，想起了那些美好的事。我看到这个少女自由地放飞思绪，微闭双眸，像是在品味褪色的记忆。

指导教师：杨治宇

湖畔公园

◎2021 级 28 班　徐莫迟

多年以前爸爸买下那个房子的时候，那里还属于市郊。在楼上向南望去是一片光秃秃的荒地，向北望去也是一片光秃秃的荒地，杂草丛生，没用的沙子和石块一堆堆地放在那儿。这样的景色不禁让人大失所望。

"以后就好啦，"爸爸说，"政府规划在那儿建一个湿地公园。"

"靠着河？"

"对呀，据说挺大的。"

两三年过去，听说公园建好了，但我一直没有时间去。高楼和立交桥拔地而起，把窗口的景色也挡住了。我一直也没有见到那个公园。终于有一天晚上，爸爸心血来潮，"别写了，咱们出去溜达溜达，去公园看看。"

那是个巨大的公园。柏油路和塑胶跑道围绕着广阔的湖泊。路灯照耀下水面闪闪发亮。沿湖有一排别墅，能听到里面传出狗叫声。湖边一个人也没有，只听得风吹得白杨哗啦哗啦响。往远望去，看到高楼模糊的影子和各户人家五颜六色的灯光。

我们就沿着路安安静静地向前走。也不知道走了多久，发现我们已经绕到了湖对岸。我看看手机，"不早了，咱俩回去吧。"

后来每天夜里我们都去湖边儿走一走。我从来没有在白天去过公园。早晨我去上学，爸爸去上班。晚上我们都要工作或学习到很晚，再去公园的时候就一个人也没有了。难得这种宁静。我们每天也不怎么说话，就沿着一条路走下去，兴尽而返。

这样过了一段时间，我忽然惊讶地发现没有哪一次我们是真的绕着湖走过一周。于是那晚我们就决定，要顺着路绕满一周，再走回到来的地方。

我们就开始沿着路走。旁边是一些灌木，隔一段就会有一些滑梯、秋千。我小的时候并没有玩过那种样式，于是每到一个地方我总要再去玩一玩。那晚我们走得很慢，而路似乎没有尽头。前面还有吗？我敢打赌还有。不一定了吧，也许这就是最后的一组娱乐器材了？再走走看。前边儿肯定没有啦！不对，你看那是什么？我们一边打赌一边向前走。每次以为这就是尽头了，总会发现前面的又一个新的小天地。等我们意识到时间的流逝，不得不往回折返时，却发现走过的仍不过是一小半的路程。

第二天我们调整策略，不在一个地方久留，一定要走完全程。一开始都是前一天走过的景象，慢慢地变成之前没经过的路。那些假山，那些喷泉，那些路标和长椅，是任何的一个公园都没有的设计。仍是走到很晚，不得不折回；仍走了不到一半的路程。

也许是岔路的事？也许我们不小心绕到了哪个岔路上，偏离了路线？也许不只在一个岔路上出了差错？也许是因为我们没有刻意地记路，所以走错了，或者走了重复的路？

第三天我们发现，的确有岔路，然而所有的岔路口几乎一模一样。于是我们说好，只走最左侧的一条。那么多岔路，一个小时以后我们已然找不到来时的路，失望之下又不得不原路返回。

接下来我们试着走最右侧的岔路、分别走不同的路、交替走不同方向的岔路……没有哪一次成功地走出去。公园是个巨大的迷宫，每一天，我们都发现不同的新事物。一排供老人玩象棋的桌子，白天的残局还摆在桌上；一个圆形广场；一个灌木丛；所有的树都被修剪成各种飞鸟的形状；一排还没有启用的广告牌；一座桥，我们原以为它通向对岸，没想到却在中间拐了个弯，折向我们走过来的方向；一个沙坑……

我们又决定反着走，一开始就往反方向走。逆着走或许容易一些。但实际上遇到的，却是完全相同的情况。我们每天向前行进，好像只是在不停地深入公园深处，并无走出去的迹象。公园一点儿一点儿、沉默着消耗我们的耐心。有的时候我们就在河边，有的时候又完全看不到湖面。

沿着步道走呢？毕竟步道上是有距离标识的，刚开始的时候自然是0，走着走着，前方地面上的数字变成了1000，再向前又走了很久，数字变成3000。再走走，地面上却又标着

2000，难道不知不觉中我们又走到了反方向？也许是数字记错了，其实刚刚不是 3000，而是 1500？再遇到的下一个标识是 4500，接下来却又是 50，必然是岔路又把我们带回了之前的路，而之前又必然是不小心漏看了这些里程，毕竟晚上光线也不是很好……难道没有一条出路吗？公园混乱而复杂的设计一开始令我们恼火，后来甚至变得可怖起来。湖面的月色、空无一人的寂静，每天不断见到的新景象，慢慢都开始让人难以忍受。也许就是没有结束呢？也许终点就是折返呢？而我们走了那么久，最后大概也不过回到起点罢了。前方到底藏着什么呢？也许什么也没有？在这里消耗多久，每天两个小时吗？公园依旧宁静，晚上没有人，远处高楼各户人家亮着五颜六色的灯光，偶尔一只野猫窜过跳进灌木丛，弄出窸窸窣窣的声响。我们仍然每晚来到公园，抱着企图穷尽它的幻想。

终于有一天，爸爸找到了路边立着的公园地图。果然是极其复杂的结构，绕着湖一共五层不同的道路，而湖中又分布着几个不同的小岛，靠几座桥连接。我还看到了公园不同方向的几个门，看到我们进入的南门，那么我们现在又在哪里呢？

"这儿，"爸爸指着一个地方，"这些东西咱们来的时候看到了，咱们在这儿。"

"不对，"我说，"如果这样的话，湖心岛在西南，但是实际上，你看，北边不才是湖心岛吗？"

"可凉亭在我们的东边啊，"爸爸说，"在图上你说的位置在凉亭南边。"

我们找了很久，参照物与参照物之间总是相互矛盾，途中并不存在一个我们现在所处的地方。

"这怎么可能呢?"我大喊,"我们的的确确是在这里呀!如果地图错了——又怎么可能把一个错误的地图放在这里呢?"

我们都没有再说话。谁都不想再逛公园。临返回之前,我又看到一个沙坑,里面摆着一架秋千,红色的支架,蓝色的铁索,周围有三棵枯死的杨树,树枝被锯掉,树干涂成了白色。那晚我们离开了公园,后来再也没有去过。

再后来,我们就搬到了外地。

前不久我又回到那个城市,好奇心驱使我再一次去一探究竟。我找到市政府的人,告诉他我的来意,说我研究各地的公园,想找到湖畔公园的资料。那人微笑着听完我的话,略微带点儿困惑,"我理解您的想法,不过这个区从来没有过什么公园,别说十年,我从二十年前就住在这里,但这儿从来没见过什么湖畔公园。"

指导教师:杨治宇

枷，痂

◎2022 级 28 班　马　静

我醒了，在钟声第四万两千零一十三次敲响时。

撑着摇摇欲坠的身体勉强挪到镜子前，一切显然出人意料。在冗长的连环哈欠打断我思路前，我慌乱地跌坐在镜子旁。

我的身体还是旧的。条形码，没了。

这就是，审判日？我不满地嘟囔着，不受控制地起立又坐下，然后右手给左手倒了杯速溶咖啡，左手说谢谢你，我先冷静一下。

我无数次幻想过这个画面，也无数次试着抹掉那个我以为是倒数我生命的条形码。

好像命运的馈赠总是在暗中被标注好价格。我从前无法忍受日渐消弭的数字在我身上以加速度为负的形式滋生蔓延。结果往往是手上鲜血淋漓，条形码覆盖的皮肤上敷着药，然后是裹得厚厚的一层绷带。伤口慢慢结痂，愈合，然后再度被我抠开，伤情反复，甚至更重，最后再结痂。如此循环往复。这块小小的条形码像个枷锁，而结痂的伤疤是用以折磨我的利器。

钟声又响了，这一次又敲了几下？在振聋发聩的巨大声响的洗礼下，我恍惚间好像记起了好多本不属于我的记忆。

在鼓起勇气推开窗向外眺望之前，我可能永远不会料到，接下来所见的场景将足以震撼我的余生。

先映入眼帘的是个中年男人，佝偻着背徐徐向前挪步，而他关节处有无数玉屑倾泻而下，在铺满天地的阳光中流光溢彩。我迷茫地环视四周，发觉每个人身上都挂着许多珠玉。有满身玉器的婴孩哭嚷着爬行，有手腕上蜿蜒着条条玉屑的女孩儿，是学生模样。仅有一个部位被玉器环绕的，也有浑身上下被玉制品填满的，更有甚者看不出原本模样，只有华丽的玉器独自在稀薄空气中让我大饱眼福。他们中的大多数只是眼神呆滞地向前走，偶有几个瞪大双眼似呼喊状的，或者干脆紧闭双眼只是漫无目的地横冲直撞的，也有些在地上匍匐着喃喃自语的，而我好像听见隐隐的啜泣声。

每个人身上，都有玉。

然而，当我意识到那可能是另一种形式的鲜血时，我从这些尸体上再瞧不出任何荒诞的美感。感到脊梁处有些寒意，我捂着嘴不敢发出一点儿声响，又下意识地摸向脖颈处那个条形码，妄图从中获取点儿慰藉。结痂脱落的地方还是很痛，每次触碰都有种小孩儿舔舐蛀牙的快感。现在好像只有痛觉能告诉我，我还活着。

天空中陡然出现一只巨大的眼睛。蓝色的瞳孔和湛蓝天空几乎融为一体，睫毛很长，触目惊心的根根分明，锋利到像宝刀斩断手腕。

我在灿烂的白昼，依然做着永夜的噩梦。

明明感受到恐惧，可我还是忍不住再看一次。眼前一闪而过的满目琳琅，和那只眼睛对视，深邃的引力勾着我不住地抬头张望，跷着脚翘趄几步。

恍惚间，余光中我好像看到个衣着整洁的老人突然止步，穿的大抵是晨练老头钟爱的太极服，最奇怪的是他身上没一处挂着玉器。我被迫停止对那只迷人眼睛的探索。我正疑惑着，然后，他突然抬头对着我笑。

他嘴里好像没有完整的牙，可是每一颗，或者说是半颗，全是玉的模样。

我随即惊慌失措地抱头逃窜，虽然没什么可怕的，但我仍然大口喘着粗气蹲坐在窗下的暖气旁。头部撕裂般的痛，眼球震颤着像随时都要跳出去寻找它们俩的下一个归宿，然后陌生的回忆如海般汹涌地挤进我的头脑中。

如你所见，这是个荒诞的世界。

每隔一段时间会迎来一次"审判日"，钟声代表着迎接"审判"的人数。当天所有人的记忆会被抹除，然后生命将从死亡的时刻开始倒流（注：为了避免游戏中出现马赛克不够真实，我们将"鲜血"和"伤口"替换成玉）。这段时间被称为"溯"。"溯"期间由"神明"轮流监管，会有一批人被选中并被要求完成任务。这些人身上印有只有自己看得到的条形码，上面会显示距离下一个"审判日"的时间。

这是场游戏，若条形码消失，则"审判"结束。这是个实验，或许是高维度俯瞰低维度生命体。这是个骗局，被迫自我欺骗和欺骗他人。

我长吁一口气，挣扎着逼迫自己退出这段记忆。

说实话，我紧张的时候总爱抠那块伤疤。好像短暂的疼痛能暂时使我忘记某些更大程度的痛苦，比如眼前我无法接受的现实。

天穹好像个巨大的帷幕被缓缓拉开，那只蓝色的眼睛从浑圆地瞪大到疲惫地半睁半闭，街上游行的尸体也逐渐少了。

那么，开始执行，"驱逐"计划。

任务目标：使人数变为 40000/42013

建议使用工具：刀/斧子/电锯/汽车

好。然后没有一点儿声响，除了玉石破碎的声音。我流着泪念叨着对不起，对不起，然后下意识地我又开始抚上那块伤疤。满地飘坠的碎裂玉石，看起来你们好痛。解脱了吗？如果你们的伤口会结痂就好了，这样是否能让你们暂时忘记痛苦？我只能暂停你们的噩梦，却无力终止这荒诞的一切。

忘不了那个含泪的眼神。小姑娘拉着我的衣角，往我口袋里吐了沉甸甸半袋珠玉。

眼泪止不住了，伤口撕裂般地痛。抱歉，可这是命啊，又或许不是。我不知道。

接下来发生的事情我记不太清了，或许后来还来不及停手就已经麻木，只知道蓝色的大眼睛盯着我看了一整天，而我满身都是玉碎，而我不为瓦全。

"驱逐"计划完成。

眼睛不舍地闭上。彼时天已黑了，我独自游荡在空旷的街头，兜里传来清脆的碰撞声。我已不再害怕了。或许该是他们惧怕我。

审判何时结束？

结痂的位置有些痒，我梗着脖子用颈部的布料蹭那块伤疤，掀起一层薄薄的皮屑。

游戏规则似乎只要被破坏就能结束。

我发了疯般用力撕扯伤疤，抓挠，揭下，血慢慢渗出来，沾满我的手背。

我屏住呼吸，仿佛能听到时间流逝。

嘀嗒，嘀嗒——

血珠砸在地上，熟悉的清脆声响。玉，玉，到处都是。

就像每个俗套的故事那样，颤抖的枪口对准太阳穴，扣动扳机。

我主动退出"审判"。

蓝眼睛突然张开，瞳孔极速缩小。我在四下无人的角落哭灭了星辰，我的灵魂正在寸寸衰老。

让他远离黑夜。一个声音说道。

像一场破碎影像的梦。

又一次惊醒，我挣扎着从回笼觉里急着脱身，带着起床气无精打采地挤上牙膏把牙刷捅进嘴里，眯着高度近视的眼睛端详我这张熬夜到蜡黄的脸。

一大一小的眼睛，尽管都肿着，也装不进那么多玉屑。红肿的鼻子，撕了几层皮的嘴带着丝丝血痕。下巴上的痘印还没消。校服松松垮垮地套上，帽衫窝囊地夹在肌肤和外套之间。

满脑子惦记着下午的大练习，被嘴里流转的牙膏沫呛到干呕。想着我果然是个普通人啊，没时间再去回味那个充满赛博气息的梦了，然后抬眼瞥见随手扎的马尾松了。

还有脖子上的条形码。

好痛。

于是钟声它又响起来，在伤口结痂之前。

指导教师：李跃庭

假如让我失明三天

◎2021 级 14 班　周晓萌

一

第一天，早上醒来，我发现身处于无边黑暗，我心里奇怪，摸索着床头灯。一下，没有光亮。我急忙又按了两下、三下，心里升起了一个令自己恐惧的念头——我失明了！我急切地呼喊父母，却只能听到脚步声渐近，不见人影。

"怎么了，做噩梦了？"妈妈的声音响起，还摇了摇我的肩膀。

我失了神，心中反而如古井无波，只能感受到脸上一阵痒意，原来是一行泪流下。

二

"很抱歉，现有的医疗水平医治不了孩子的失明。"

听到医生的话，我心中仅有的希望也破灭了，母亲抱着我痛哭，连父亲也哽咽了。我泪水如溃堤之水涌出。

可是现实如此，除了接受，弱小的我又有什么力量抗衡呢？

下午，妈妈爸爸带我去买墨镜和拐杖。妈妈拉着我，爸爸与店员在远处交谈的声音传入耳中。听不清，应该在说我的眼睛吧，我自嘲地一笑。

我像个玩偶一样试着拐杖、墨镜。店员殷勤地向我推荐，心中估计不知道怎么嘲讽我吧。我的悲哀与怒气在心中喧腾。

"这个墨镜好，小女孩儿就该戴好看的。"我的怒气爆发了，伸手摘下墨镜向地面摔去，拿着拐杖向前走。我的脚步很快，因为对拐杖并没有熟悉，多了一条腿的我被绊了一下。我愤怒地将拐杖也扔下了，向前走了两步，忽然意识到我还身处黑暗，向前一步是平地还是悬崖我都不知道。这是我第一次深刻意识到我的失明，现实压倒了我所谓的倔强与傲骨，我丢不下拐杖，没有能力也没有勇气像原来一样昂首阔步。

我笑了，笑我之前的天真，笑我仍觉希望犹存，笑我身处泥淖却认不清现实，仍认为身边鸟语花香，真是个令人怜悯的孩子啊！

我屈服了，弯腰捡起拐杖，"随便选一个算了，反正好不好看我也看不见。"

三

失明的第一晚，我失眠了。平时关灯后卧室漆黑，我不久便入睡，但经了一日黑暗，习惯了似的，睡不着了。从1数到1000，睡不着，自己编个故事睡不着，背几遍平时最催眠的英语课文，依旧醒着。

我的心渐渐平静，开始冷静地思考我的失明。

失明后能做什么？失明的人生还会精彩吗？人们会认可失明的人吗？不会嘲讽我吗？许是问题太玄妙，不知不觉我竟睡着了。

四

第二天，我决定不能一直待在家里了，无所事事只会助长我对失明的思考与悲哀。我在公园间漫步，秋日的暖阳洒在我身上，我在父母的搀扶与拐杖的帮助下在小道上走着。

我慢慢地，谨慎地走，不像平时一般匆匆而过，也没有边走边看手机，与之前大大不同了。更为不同的是，我听到了各类未闻的声音。

风吹叶落的簌簌声，脚踏着毯子般厚软的叶子的吱咯声。我还听到水的声音，是敲击声；听到草的声音，是摇曳声；听到树的声音，是呼唤声；听到风的声音，是沙沙声；听到云的声音，是飘浮声；听到小孩子的声音，是玩闹声。

音符在交响，渐渐地，我的眼前不再是一团黑雾了，温柔的风送我蓝色，温暖的太阳送我黄色，立于枝头的鸟送我红色，飘摇而下的叶送到我手中，人们说一叶知秋，它却送我苍翠。我眼前有四时不谢之花，八节长青之草，如陶潜笔下桃花源，阡陌相通，鸡犬相闻。

因为失明，我第一次探访了心中的阆苑乐土，这是失明第一次带给我纯净，带给我安适，带给我平时忽视的美景。

五

既然无处可逃，不如喜悦；既然没有净土，不如净心；既然不能如愿，不如释然。也许是美景给我勇气，我开始迈出一步，练习在盲道上走路。

爸爸妈妈从左右两边牵着我的手臂，帮助我走成直线。一小步一小步地挪移，很慢，但很稳。在爸爸妈妈的搀扶下，这两天恐惧惊慌的我深切感受到，无论处于什么境遇，我都是有人可依靠的。我没有光明，爸爸妈妈做我的火炬，带着我，无言地、慢慢地走出泥淖。我见过盲童，在我未失明时，他们被不负责任的父母抛弃，在福利院中艰难生活。他们走路是如何训练出来的，是在一次次跌倒爬起中被迫学会的。而我呢？我在父母庇护下，温暖的黄昏中慢慢适应。

我将爸爸妈妈拥住了，无声地抱着，似是喜悦，似是幸福，似是感激，想来窄窄的盲道上投射出了三个紧挨的、高大的影子吧！

六

第三天，我让妈妈找出了我的紫色校服，戴上班徽，今天是我们班辩论赛决赛。虽然马上要转到盲人学校了，但我想听完比赛，听曾经与我并肩的同学们如何展示风采，也想和老师同学正式道个别。

在附中求学的日子，要善始善终！我嘴角扬起的瞬间，一阵轰响自远处飞驰而来……

七

"很抱歉啊，周同学，咱们体验时间有限，只能用车祸这种强制手段中止，没吓到吧？"白大褂实验员拿来文件，"签个字吧。"

《失明对情感的影响调查》映入眼帘，我怅然若失，签下名字，"今天几号？""2070年11月18日。"我在日期栏里落笔。

我出了研究所大门，见到了妈妈。"怎么了，不开心吗？你上周可是做了5本练习册才争取到当学生代表参加测试的机会。""妈妈，我真的失明怎么办？""换人造眼球呗，对了，失明后真的会消除情感，对工作效率真有提高吗？"

我沉默不语。究竟是眼的失明还是心的失明啊？

八

"对于近来引起公众关注的失明测试，冠军研究所通过对各职业、各年龄人群虚拟测试得出结论：对于失明的心理接受过程艰难，浪费大量时间，失明期间精神活动丰富，'亲情''闲适'等情感指数上升。而之前有大量实验表明，此类情感对人的工作效率有所妨碍。所以，冠军研究所将放弃此项目。欲成冠军，欢迎报名冠军研究所，我们将会为大家带来更好项目！"

我喝着牛奶，听着新闻，仿佛两个月前的测试从未有过一般，计划着去学校瞒着同学们做什么练习册。随意翻翻书，翻到《桃花源记》。小农经济生产力低下，又无便利交通条件，怪不得聚落不大，还鸡犬相闻呢？落后啊落后，真没用！

指导教师：杨治宇

鲸起·鲸落

◎2021 级 1 班　刘泳君

一

我眺望着夕阳，在地平线之下。

微风剥落我身上湛蓝的海水，露出白皙的脊背。一只海鸟笨拙地飞落在我的背上。沉默着，我，吞吐着潮水，呼唤海洋的起落；背负着落日，将星星升上天空。

我是大海的孩子，是她的精灵。她养育着我，而在我的怀里，繁衍出数不尽的子民。

我就是我啊，我是白鲸。

二

我是那些陆上人口中漂浮的岛屿，是他们恐惧的庞然大物，是李白成仙归去的旅人。我赋予了他们想象力，也给了他们勇气，让那些强健的人拿起三叉戟，在烟波浩渺的海上搜寻我的印记。那些弱不禁风的小船，我可以轻而易举地让它们化为齑粉，让船上的人葬身海底。但是我没有。我只将自己的身躯藏在清澈深邃的水中，默默注视着海面上那日益喧嚣的风浪。

三

海底是地球上的最后一个神秘之处。上天留给这里的东西，叫永恒。我的先祖都曾在这里出生然后死去，骨骼成为海底的沙砾，血肉成为鱼虾的食物，滋养着这片海域。在这一片勃勃生机中，我出生然后长大，海底平静一如昔日，温顺的小鱼拂过我的体侧，海上的植物也自在地漂浮着，似在演奏一曲无声的交响乐。

然而在一片祥和之上，海面已经掀起了滔天巨浪，数不尽的船只航行在这片水域上，搅动不祥的浪花。白帆之下长长的铁链缠绕着桅杆。那些人，解剖了我同伴的尸体。他们说，我们不过是普通的哺乳动物，也需要到海面呼吸，在我的肚腹中有无限油脂可供燃烧灯烛，我的筋肉是美味的菜肴。

我在战栗，大海也在簌簌发抖。当人类逐渐撕开我一层层的神秘面纱，即使大海的浪涛，也不能护我周全。

四

我在泗水，斜阳将我的身体分成两个部分：一半是橙色，一半是蓝色；一半暖融融，一半凉沁沁。无数白沫从我的鼻孔中喷出，争先恐后地涌向天际，化作那紫色的地平线，硕大的尾鳍拍打着水面，发出悠长的笛音。

我缓缓地垂下头去，将要回归大海。

正在这时，一阵尖锐的呼哨声，划破天际。

一样东西进入我的脊背，一阵凉意，一阵灼热。有什么东西在燃烧，我知道，那是血。我没有一丝声响地向下沉去，甚至都没有回头看。

我听见海面上的大声呼喊，那声音在海洋中听来，不过是一阵细碎的耳语。深渊里缓慢的水声，才是亘古不变的笛音。我知道自己的归宿，我要同祖辈一样，坠落在大海的深处。

人类也知道。《禅定荒野》里说："鲸落海底，哺暗界众生十五年。"人类什么都知道，可他们依然不愿意宽恕。

我将死去，给漆黑冰冷的海底带来几十年甚至上百年的繁荣，反哺这片生养了我的海洋。我在坠落，仿佛铁链那一端就连着欲望、杀戮以及我不愿面对的整个世界。

指导教师：杨治宇

巨 坑 奇 谈

◎2021 级 8 班　刘瀚泽

　　我打一位卖茶的老头儿那听到这么个怪事，且听我讲给你听。

　　遥远的村庄里，藏匿着腥臭了一个世纪的秘密……

　　村上没人不知道老虎似的屠夫。屠夫身上全是铁块一样的肌肉，硕大的手臂上青筋常常暴起，几乎身上每个地方的体积都是常人的三倍以上，衣裤从来都是去一个女裁缝那儿定制，说他是个巨人绝不夸张。两道深色的疤痕在他粗糙的脸上清晰可见，那是三年前他和四个冒死进他家的贼厮打被刀砍的。当然屠夫还是轻松送那四个人一起上了西天。

　　但他不是水浒英雄替天行道，只要谁不合他意，谁的身体就不再完整。"合他意"的意思是，没有任何人可以侵犯他至高的地位。

　　人们心中畏惧的加深，让屠夫的野心无止境地增长。他终于决定，要在村子挖上一个巨大的坑，把村民扔进巨坑里生活。坑挖好后，他给村民们两年时间去重建他们新的家园。这两年间，他生了十五个孩子，准确来说是二十一个，其中六个

x

女孩儿都被屠夫活埋了，他只把十五个男孩儿留在了上面。当然，二十一个孩子的母亲都不是同一个人。他还命令过要在坑里建一个连接地面的楼梯和平台，他的生活需求将在这里被坑下人满足，同时他的孩子也会在这里于享受中长大。经过屠夫几十年的奴役，村民们已经习惯，或者说是依赖了这样的生活。屠夫留长发，便要求坑里的所有人必须留短发，屠夫认为这是地位的标志。自此，头发过耳的人，都会被大家视为背叛与罪恶。尤其是巨坑事件后出生的人，从来不认为这样的生活有什么奇怪，屠夫也是。

又十几年，十五个孩子个个变得和屠夫一样身强力壮，屠夫也有了七个孙辈，其中不包含老二和老四刚生下就被埋了的女儿，老二还把生女儿的那女人打个半死。

城市化蔓延到了国家的近四分之三的地区，政府一直得意于六个月前在桃城中心建起的三百五十多米高的大厦，极大地带动了桃城的经济，桃城一度成为国家人口最多的城市。当规划部发现那座野村时，当即派出了一支团队去考察，准备将那个地方城市化后建设一个最大的国家公园。毕竟自然条件太适宜了，简直是宝地。

之前村子也来过不少零零散散的闲人，不过看见了挤满人的巨坑后都被吓走了，像考察队这样突如其来的访客，屠夫三代早就见怪不怪了。队员们看到这番景象，即使对屠夫的行为感到愤怒，但凭这几个人，想用武力解决是不可能的事情，屠夫自己就能把他们撕个粉碎。不过屠夫从来不做在坑边严守这样的蠢事，他知道村民们上不来，也不想上来，他甚至没再想起过这是他挖的坑，没想起过是他把村民赶到坑里的。黄昏已至，隐约能听见西面槐树林里的乌鸦扑扇翅膀的声音。村民们开始陆陆续续地生火，坑下的烟囱吐出的白缎被冷风吹得歪歪扭扭，看不出来它的一丝抵抗。考察队一行最终决定唤醒这些可怜的村民。

当他们站在坑边向下面呐喊，激昂地揭露屠夫的罪恶时，那些从挖坑年代走过来的村民如梦初醒般地放下手里的农具和簸箕，把那些年的悲痛记忆一一讲述给了他们的孩子，几分钟的嘈杂声过后是几百个人的号啕。动静惊到了屠夫一家，考察队见事情不妙，慌忙逃回到了帐篷里。在远处，他们目睹了老大把几个爬上来的短发村民杀掉。

考察队留下的火苗在村民的心里越烧越烈，他们都开始有了复仇的念头。但屠夫毫不在意，每次闹事的几个要么就是被打死，要么就是自己失踪，长时间的经验告诉他，即使坑内的起义狂徒不占少数，这些人也闹不出什么大事。

政府知道这件事后不仅没出动武装干涉，还让考察队再去一次。这次队员们决定偷偷给村民们一些武器和策略。虽说危险不小，但好奇心驱使着考察队故地重游。

又是黄昏，队员们又把坑里忙碌的人们召集起来，把不少现代器械丢给他们。队长兴奋地从包里掏出了提前帮他们写好的复仇计划，扔给了那个给屠夫做衣服的裁缝。裁缝读毕，大骂："荒唐！什么狗东西！让我上去?！不可能！"裁缝旁边的人往那纸上啐了一口，人们纷纷回去接着准备晚饭。队员们诧异至极，"为什么不上来?""这才不是复仇！你们赶紧滚吧，多管闲事！总有一天我会和那几个龟儿子平起平坐！"几声枪响，西边的乌鸦飞向四周。女裁缝身后的几个村民，用刚刚考察队给他们的枪，对准了队长和另两个队员。三个人倒在了血泊中。其他几个队员连忙往回奔逃，只听后面人群里又一个声音："咱们要反抗！屠夫一辈子在我们上面，凭什么！他在地上我在地下，我们受不了这样的屈辱，让我们把权力抢回来！就从头发开始，对，我们把头发都剃光！都剃光！""都剃光！"众人齐声附和着。仅仅几分钟，坑里连起来的光头被落日照得锃亮。

几个队员在仓皇逃跑中看见了屠夫。他坐在离巨坑不远的老树上，背着夕阳，粗大的手指里夹着一根快抽完的雪茄，眯着眼看着巨坑里发生的一切，龇着牙笑出了声。

指导教师：艾　群

冷漠时代

◎2007 级 21 班　毕滢垚

王笑脸做梦也没想到，他进城之后会惹出一场大祸。

王笑脸天生一副笑脸，从小到大都没板过，连哭的时候都是笑的；加之人特别礼貌，差不多见熟人就打招呼，见陌生人就点头，一副笑星的样子，人送外号"王笑脸"。

王笑脸第一次走在繁华的大街上，脸上笑得更灿烂了。嗬！大楼真高啊！小汽车真多啊！人行道上的自行车真花色啊！马路两边的行人真时髦啊！王笑脸一笑，就情不自禁地放慢了脚步，眼睛朝四周多停留了一会儿。

"呀！"就在这时，突然听见有人尖叫了一声。是身边最近的一个妇女发出来的。她这么一叫，行人纷纷惊慌逃窜，还一边捂着背包一边回头张望。其中两位急不择路，误入自行车道，将一辆自行车撞倒，结果身后的自行车全追了尾，噼噼啪啪倒了一片，许多人被摔得呼爹喊娘。王笑脸见状，也呀了一声，奔过去就要扶人。谁知，人还没靠近，摔倒的人就一个翻身起来，推着自行车，如鸟兽散。

"怪呀！"王笑脸皱着眉头想。但他皱眉头的时候，脸还是笑的。

王笑脸第一次踏进公共汽车，身边站满了乘客，甚至人挨人。有身材高大的小伙子，有模样姣好的小姑娘，有穿戴整洁的老人，也有风韵犹存的老太太。王笑脸与这么多陌生人近距离接触，心里那个美呀，脸上笑容洋溢。开始，大家谁也不理谁，谁也不瞧谁。可是，车没走多久，他的笑脸还是让一个人用眼角的余光给瞄上了。那人睁大眼睛仔细一看，愤怒便写在脸上。"你想干什么！"那人大吼了一声。王笑脸以为人家在跟自己打招呼呢，忙点了一下头，嘿嘿地笑出声来。这一笑，周围的人纷纷掉过脸来，这才瞧清了王笑脸的脸，大家赶紧捂住自己的背包，摸自己的口袋，然后下意识地朝四周挤去。车上一阵大乱。许多人被踩了脚，发出严厉的抗议声。

只有王笑脸孤零零地站在那里，一点儿都没有人挤。王笑脸想：城里人真礼貌啊，怕挤了我这个外乡人，宁愿自己挨挤，也要给我留点儿空间。便朝大家伙儿鞠了个躬，连声说："谢谢！谢谢！"

就在这时，从人堆里发出一声惊叫："不好，我的手机丢了！"大家闻言，又把眼光齐刷刷地投到王笑脸身上。王笑脸连忙摇头，一边笑一边申明："我没看见，真的没看见。"

然而，丢手机的人却挤出人堆，站在王笑脸面前，严厉地问道："你叫什么名字？"

"我？嘿嘿，我叫王笑脸，从娘胎里生出来就是这副模样。"王笑脸眉飞色舞地说。

"少废话！姓王的，快把我的手机交出来吧。"

"咦，同志，我真的没看见你的手机。你咋认准了是我捡了你的手机呢？不信你来搜搜。"王笑脸有点儿不满，但脸上依然笑着。

"搜身和偷东西一样，是违法的！懂吗？你自己把口袋倒出来吧。"

"中！中！"王笑脸急忙把自己的口袋全翻了个底朝天，里面除了几张废纸，几张现金外，什么也没有。

"这回你该相信了吧。"王笑脸得理了。

"怪呀，就他这副对不起人的样子，不是他会是谁呢？"那人嘀咕道。

王笑脸下了公共汽车，刚走了几步，就听背后有人喊："姓王的，站住！交出你的同伙来！"

王笑脸回头一看，正是刚才丢手机的那位。所不同的是，他手里正握着一根寒光闪闪的铁棍。

"我不是把口袋翻给你看了吗？"王笑脸说。"你一定把赃物转移到同伙那里了。不交出你的同伙，我就打扁了你。"那人举着铁棍，直冲王笑脸的门面扑来。

王笑脸"妈呀"一声，抱着脑袋就逃。他想：完了！这家伙认准我是小偷了。要是被捉住，还不被他打得遍体开花呀。心里一害怕，跑起来就快，不一会儿工夫就把那人甩到了后面。

"抓小偷！别放跑了小偷！"那人一边追一边大叫。

尽管喊得歇斯底里，却没有一个人响应。行人纷纷躲闪，为王笑脸让出了一条宽敞的大道。"谢谢！""好人啦！"王笑脸一边致谢一边沿着这条无人的大道飞奔，拐了几个胡同，一头扑进一家门脸房里，累得气喘吁吁，再也跑不动了。

"欢迎光临！"

这时，王笑脸忽然听到一个非常礼貌、非常悦耳的声音。他吓了一跳，定睛一看，却是一个年轻的女孩儿迎面而来，满脸笑开了花，就像他王笑脸一样。

已经很久没见到这副笑脸了！王笑脸顿感亲切，脸上也不由自主地堆满了笑，"同志，救救我！有人追打我！"

"我知道！就你这副知错必改的样子，不追打你追打谁？"女孩儿说，"幸亏你到了本店，不然，你就没法儿出去了。"

女孩儿把王笑脸扶到椅子上，仰面躺着，从几只小瓶子里倒出不同的液体，掺在一起细细一搅，再把混合液倒在王笑脸的脸上。不大一会儿，就为他画上了一张薄膜。王笑脸对着镜子一看，笑容全没了，呈现在眼前的是一副冷冰冰的面孔，没有笑意，也不再活泛，就像遇到了讨债人似的。

"放心吧，先生，有了这副面孔，保证你万事大吉。"女孩儿笑眯眯地说道。

"可是，"王笑脸忽然想起来什么了，"同志，你不也是一副笑脸吗，咋就像没事一样呢？"

"原来你不明白呀！"女孩儿伸手在自己脸上抠了一下，一张面膜便被撕了下来，露出了本来面目，像讨债人似的，没有一丝笑意，也不再活泛。"贴上假面膜是为了招揽顾客，出了门就得撕下来。不然的话，人家不把我当贼打才怪呢！"

"哦，原来是这样！"

王笑脸走出了面膜店，只见四周静悄悄的，没有一点儿异常情况，便长长地舒了口气，像一滴水一样汇入大街小巷的人流之中。在这个人流里，人人都冷若冰霜，人人都目不斜视，人人都两耳不闻，人人都急急匆匆，大家共同组成了一个冷漠的世界。

指导教师：周海燕

山远成云

◎2019 级 27 班　张芷茉

一

他坐在办公室里，望着窗外的一抹红云。

一个学生要和他请假，强烈要求。说是要去什么儿时故地，什么山上的哨所，要去找前进的动力。想法听着不错，可是能施行吗？已经五月份了，还有两个月就要升高三了，准高三学生的时间耽误不起啊。

这孩子没别的毛病，就是有些时候太犟、太任性。他想，这次不能由着她来。

但是该怎么劝阻呢？

育人不易啊。为国家培养栋梁之材，是老师的责任与义务。而过程无非是引导学生走向辉煌之路的育人和在学生不明是非曲直时强令他们去学习做人做事的教人。老师可以是牧羊女，手中鞭只是象征性挥动，真正与羊群相适应的是温柔的歌声。歌声或许会微有情绪波动，也足够令人清醒或陶醉。人与羊群相得益彰，相映成趣，融合成草原上绝美的乐章。

而有时老师又可以是牧马人，手中鞭要有"执敲扑而鞭笞天下"的魄力。他要行动如风，来去自由，信马由缰。心之所想之所就是他足之所践之地，发现害群之马就立即以长鞭榜棰之，使之回归群体而杀一儆百，令他人不敢越雷池半步。

那么他呢？应该选择哪种方式？

牧羊女和牧马人早晨从家出发的初衷都是让自己的羊或马吃饱。

他喜欢练毛笔字，桌上还有几张誊写的《师说》。

"师者，所以传道受业解惑也。"

他抬头望向天边的红云，云红得好像鲜艳的红旗。

<h2 style="text-align:center">二</h2>

他刚刚放下电话，心里想着那个不让人省心的女儿。

老师说孩子想要请两天假，要回去看看自己以前部队的哨所。

以前带孩子去部队只是想让她长点儿见识，没想到今天还带出了祸。他抿了口茶，闭上眼，揉了揉太阳穴。

二十多年前他大学刚毕业，师范类，俄语专业，又写得一手好字。简历刚投出去便得到了常州一家中学的青睐，但无奈家里觉得南方太远不放心，迫使他放弃了这个机会而去了家乡县城的一所学校就业。他一气之下参了军，是先斩后奏。

谁想得到呢，这一干就是二十年。

开始妻子和他一起去了那个只通马车的小地方，那里通高铁也才是前两年的事。他们在五年后才有了孩子。有时候春节，山上的哨所需要人值班，他会带着一家人上山。到了孩子三年级，妻子带着孩子去了省会，因为这个小地方太闭塞，不利于孩子以后的发展。就这样一家人两地分居了五年。虽然国家有相应的补贴，但每年中秋自己一个人对着月亮总不是那个滋味。妻子会或多或少地向他吐露生活的不易，孩子也会哭着闹着要爸爸，可是能怎么办呢？手头工作和家庭一个大一个小，但总是一样重要。2019 年孩子中考，也是强挤出时间才没错过孩子的这次人生大事。去年妻子带着孩子去日本旅游，他便是已经转业了但还是没法儿跟去，因为工作涉及国家机密，他五年内没法出国。

他总觉得欠家人点儿什么，所以回家后平日里对女儿略有放纵。

这次该不该纵容她呢？

他望向窗外的红色云朵，云红得像不远处飘扬的五星红旗。

三

她人在书桌前，心却早就飞出了老远。

她是准高三的学生，她心里清楚。可是现在她满眼都是那座长白山余脉中的山头。她已经在大城市生活了很多年，喜欢这里的朋友，喜欢这里的热闹，喜欢这里的气息，但这里不是她的故乡。

那是童年的记忆。

唉，多可惜呀，小时候不懂事，在山上有多少次看日出的机会都因为一次次的贪睡错过了。

老师总说家国、家国，但她真正的家国情是在山头里萌芽的。

她是在山上学会的走路。后来，花、鸟、树先在她脑海中有了形态，然后是山里东北虎吃人的传说，再然后就是大人们口中的英雄故事，之后是山头楼前空地上嗡嗡运行的天线锅……天线锅是用来干什么的，大人们为什么上山、为什么守山，每天戴着耳机在听什么，为什么电脑上的音频像心电图，这些都是她脑海里的故事。

她是带着这些故事走进大城市的学校的。

但是渐渐地，山远成云。

她是准高三的学生了，现在她想重温从山里走下来时的感觉。

"啪——"她猛地合上了面前的书，站起身，望向窗外。

是那一抹红色的云。

指导教师：洪　伟

时间之外的归属

◎2018 级 28 班　孙嘉伟

一、族谱

无数次在博物馆见到各式各样的族谱，装订精美，大抵是名人名门之后的身份考证。

但我要说的是祖父桌上常摆的那本。它的原本收藏在祖父千里之外的山东故乡的孙家祠堂中。半年前临太祖母逝世二十载，随祖父举家返乡祭拜，有幸看到它的原本。

祠堂暗而静默，但烛火长明。也许只有在这样的环境里，我才能静下来，去回顾身后的千年光阴。

有一本族谱是与众不同的，是保存了近百年的那本。其实每本族谱的扉页都会是先祖留下读书明志，立德修身的祖训，唯有那一本不同。

"而今神州陆沉，家国患难，苍生不宁。昔班超投笔从戎，值此国难，吾孙氏子弟当守家国之大义，立民族之气节，若无立国选才，亦当战死以殉国难，无愧列祖列宗神明……"

用殷红的血色朱笔写就，畅快淋漓的行草，汪洋恣肆，气贯长虹。

翻开正页，有些名字是红笔写就的。在华夏，红笔题名为忌，但后人仍用红色将他们记叙下来。

孙德忠，1921 年生，妻张氏。国民二十九军连长，战死南京。

是南京大屠杀的故地吗？在他呼喊着挥刀冲向敌营之时，在这片千里血染的土地上，他该是怎样的决绝？

孙德禹，1922 年生，妻邓氏。商务印书馆编辑，战死河北。

是真的响应家训投笔从戎的文人吗？抑或是商务印书馆被炸毁的悲愤使他提起枪冲向犯我疆土、我文化的恶兽吗？

孙绪安，1927 年生，就义于山东。

看名字是下一辈的排字了。没有婚配，就义时十六岁有余。

…………

合上书卷，封面是"家德绪刚长"的祖训，也是这五代人的排字。

这极为神圣壮烈的一本书。祖父翻阅它时垂泪泣涕。也许那里有他的父亲，有他未曾见的叔伯兄弟，有他的眷恋与不舍。

而今，我站在它的面前，它成了一代人时间之外的归属。

二、情书

你写给前座女孩儿的情书，我看过了。文辞博雅，海誓山盟，感人至深。

但你有没有见过椎心泣血的情书呢？祖父的小木箱里留着他抗美援越时候的军功章，太祖母裁衣裳的纸模……有一封情书压在最底下，是钢笔的滞涩的字迹。

安，不知这一去要多久能回。想是三年不回，便是与鬼子搏命（战死）了。你总是最让我挂记的。你常说要做我的新娘子，我害羞不应，却再无机会应了……

写下这封信的时候，写信的人的心该是怎样在滴血啊？那个叫安的女孩儿，还在等他吗？他回来了吗？又是谁将这封信传给了祖父，成为后代人扼腕叹息的遗憾。

每个人心中都有一段风花雪月的故事，但有一代人的青春里，情思成了无法折返的故园与光阴，成了时间之外的梦境。

那个情窦初开的男孩儿，和那个日夜思君的女孩儿，他们对彼此爱过了，他们为这个国家爱过了。他们活成了他们自己的人生。

可怜无定河边骨，犹是春闺梦里人。

三、时间

一个国家有一个国家的历史，一代人有一代人的记忆。

每次去爷爷家，他都要把我拉进他的卧室，给我展示他的相片，他的故物，他的记忆。

也许儿子儿媳都太忙无心倾听，也许祖母还在忙于油盐柴米，也许孙女太小还听不懂这些。于是，我成了祖父唯一的倾听者。

也许是他想在有生之年给后人记完那个年代的过往，那个年代的故事。他不想让那个年代的记忆失传。他不愿他的父母，他故去的战友，他璀璨的情感，在他百年之后就彻底被世人遗忘，留不下一点儿痕迹。

可是，故事太多太多，怎么讲得完呢？

可是，还有什么是时间不会抹去的呢？

是记忆。记忆留下来，像默片一样，回放那年英勇牺牲的军官，那年持枪报国的文人，那本族谱，那封情书，那个年代。我愿意成为它们的聆听者与讲述者。

时间从一个质点结束，又从一个质点开始，在我们时间里不会再重演一次。

但那一代人爱过了，那一代人真正活过了，他们成了时间之外的归属，在这片陆地上，在无限的时间与记忆里。

在崭新的世间，作为他们的后人，作为这个氏族的继承者，我会拥有属于自己的时间吗？

像先祖一样，无声而伟岸。

我期待着。

指导教师：杨治宇

桃 园 三 友

◎2022 级 16 班　马滢淇

镇上没有哪个小孩儿没吃过张三叔的糖人，没有哪个大爷没喝过刘伯的高粱酒，没有哪户人家大门没贴过关先生的对联。

三个人形影不离，好得跟什么似的。晚上，镇上两三个酒鬼上镇西边找老刘买酒，不见他人，就往东边关先生家去，一阵酒香飘过，院子里停一辆插一支小牛状糖人的小手推车——准是三个大老爷们儿下棋了。暖橘色的灯透出来一点儿发逗的笑声，有几只扑棱蛾子的剪影映在窗户上。

关先生是一个穿长衫的，在镇里教书为生。教书之余，还工字画。他的字写得可相当漂亮，瘦削稳健，如其人。逢年过节他便写出好多副对联卖，镇上的对联属他卖得最好。有人见他字真俊，想请他写字，又被拒之门外。关先生的开销通常只有两样：接济镇里的穷孩子，去刘伯的店喝酒。关先生真贪刘伯的酒。

刘伯的酒馆开在镇西，屋后就是一大片高粱地。刘伯店里的酒都是这些粮食酿的，劲儿大，喝完头打旋，脸红得像高粱。刘伯的酒店里常来些大户人家帮忙收地的短工，脖子上搭一条毛巾，汗直往下淌。刘伯的酒卖得便宜。据他说是他父亲把酒馆传到他手中的，他父亲临终告诉他，酒不许掺假，不许加价。刘伯一直记着父亲的嘱托。有人笑他，你真傻，放着钱不赚，搁点儿水一兑，啥看不出来。再说，那么好的料，贵卖着也应该的啊。刘伯回，我不干那个亏心买卖。据说刘伯有两瓶好酒，不知在哪里，他从来没有卖过。

刘伯有个发小，就是张三叔。张三叔吹糖人栩栩如生的，人又总是乐呵呵的。孩子们说张三叔吹的马会跑，狗会叫，鸟会飞。张三叔属牛的，车上经常放着一头牛。张三叔是他们之中最穷的一个，家里最像样的东西就是他头上顶着的狗皮帽子。张三叔有一个养子，每年冬天张三叔都和他的养子去山上捡柴火，一大一小两顶狗皮帽子，一点儿一点儿地往山上挪。张三叔生活窘迫，经常靠关先生接济。

他们三个都喜欢下象棋。每一天晚上，他们三个都聚在关先生家里切磋。关先生有一副好象棋：乌黑的骨，描金的字。关先生说，咱们三兄弟恰巧一个姓刘，一个姓关，一个姓张，不如就在此桃园三结义。刘伯拿出他带来的酒。酒气浸了暗橘色的光，打在扑棱蛾子上，蛾子也浸得越发醉了。

可是三兄弟的洒脱日子没过多久，老天爷先不干，连闹了好几个月的旱。

最先挺不住的是张三叔。张三叔没有小麦芽熬糖，也没有钱进货，纵使有那钱，肚子都填不饱，谁还顾得上吃糖呢，那是好日子的旧历了。镇上孩子都尽量避着他。开始他还撑着，刚到年关的时候张三叔就挺不下去了，两张狗皮帽子再也没有笑容。他悄悄去找刘伯。他好容易挨到镇西，发现酒馆大门紧闭，有好些不认识的人将酒馆围起来。这是该贴对联的时候，那些人却大门上贴了两张惨白的封条——刘伯家出事了。他刚要去找关先生，一回身，发现刘伯就在后边被绑着，有两人看押，刘伯发现了他，他急忙用眼神示意不要动。幸而那两人以为他是要饭的，打发他赶紧走。

刘伯没地种粮食，酒自然也酿不起来。后来不知怎的又传出刘伯酒里掺假，好酒都在他的家里藏着的传闻来。刘伯登时慌了，那张鲜红的脸涨得比高粱还红。他本想去找关先生，但是刚出家门没几步就被人抓了，说他是奸商，酒调兑了水，于是他的所有酒和酒馆都作为"审查物资"被扣押，并勒令他检讨。有人替他说了一句他没有掺假，转而也被封了家，说是"和奸商勾结"，于是再也没人敢替他说话。

张三叔又好容易挨到了关先生家，这日是除夕，可街上愣是没有人。往日有多和乐，这会子就多冷清。关先生家连对联都没有贴。他赶紧敲门进去。

"老关！"

"嗯！"

"老刘被抓了，咋办？"

"……"

关先生望着一脸惊恐的狗皮帽子，欲言又止。橘色的灯打在灰青的墙上，窗子上已经没有蛾子扑棱了。

"一个什么处长来找我了，"关先生发话了，"他想要我的字，我没给。"关先生还清楚记得，那处长走的时候还不忘又看了一眼自己的象棋。

"……"

"我出去一趟。"关先生说。他拎起个布袋子，里面有什么东西哗啦哗啦作响。

关先生回来了。刘伯也回来了，张三叔把小狗皮帽子也带了过来。刘伯见关先生家里的书画没了一大半，乌骨象棋也不见踪迹。

"哐啷！"刘伯把两瓶酒放在桌上——正是他珍藏的那两瓶。

"今儿个咱们不醉不归。"

"好！"

"好啊！"

灯烧尽了，小狗皮帽子熬不住，早就趴在炕上睡着了。

指导教师：赵　卿

无　名

◎2022 级 14 班　李松玲

在北方一处偏远的小村庄有一块简易墓碑，墓主人姓名、生平与生卒年一概没有，竟是座无名碑。

我考察地貌路过这里，颇感兴趣，向我的向导询问它的由来。

向导便引我见到了立碑人的后人小乔。

小乔说，碑是他祖父立的，为了纪念一位无名战友。

话说抗战中后期那会儿，局势胶着，双方进入相持阶段，势均力敌，都选择向对方机关渗入卧底。小乔的爷爷便是当时埋入敌方的"钉子"，代号画师。

上级在画师临行前嘱咐他与上线保持联络，尽可能确保上线与自己的安全。出于卧底的谨慎，他在工作时留意了周围士兵的对话：

"咱们这个长官啊，跟谁都不亲，听说还是汉族人，不知道怎么做上官的。"

"你没听说吗，东京那边可赏识他了，破格提拔上来的。"

"上边的事谁能说清呢……"

画师权衡之后决定接近这位长官，单个目标总会好办些。

一次长官叫画师到茶楼喝茶。或许是因为同有着东方血统，长官对新来的这位年轻人格外亲近。他把点心推到年轻人面前，表情有些放松，闲聊起来："你大概还没有娶妻吧？"年轻人拘谨一笑，点头应是。长官叹了口气，"这么年轻就来当兵，可要小心些。"说着他看向窗外，秋日的菊花开得正艳。画师摸不着头脑，只得顺着他说。临走时长官不知是有心还是无意，说，"留心卧底。"

仗还是要打的。于是高层商议决定在奉天一座工厂交接新一批军火，点名要画师负责押送。等长官得知消息时，押送队已经出发了。画师如履薄冰如临深渊，难道自己卧底身份被发现了？

"呜——"

汽笛长鸣，货船驶离港口。军火顺利交接，押运队原地休整一晚，明日再行。

画师思考之后还是决定通知上级——夜间，军营中潜入一股武装力量将军火烧掠一空，火光冲天。押运队垂头丧气地回去复命，长官却仿佛早有预料，沉着脸训了众人几句，高层授意单独留下了画师。

其余高层与长官果然并不是非常和谐，画师看出其中暗流涌动。问话时，他一副被吓到的窝囊模样，说话开始语无伦次磕磕巴巴。

高层们明显想将他就地解决，看向长官的目光十分不耐烦。画师咬牙大喊："你们不就是怀疑我是卧底吗？要杀要剐随你便！"

长官听后笑了，挥挥手示意大家散了，推了门走出去，与年轻人擦肩而过，低低说了句："年轻人，行事不能太莽撞。"音量不大，刚好能被年轻人听到。

其余高层见这事翻不出什么水花，也扫兴离去。年轻人默默站了会儿，捏紧了衣袋中的拳头。

上层不再给画师下派核心任务，画师在军营只关注那个从不露面的上线秘密送来的消息，接着传回中央。

高层们明显对长官更不满了，打算将他排挤下去。军营硝烟四起。

过了几日，画师所在的分部要进行一次军事转移，各部队的上层将在一所宾馆召开紧急会议，长官将画师派到最外层驱逐群众，勒令他不要靠近会议地点。他试图反驳，都被驳回，最终只能愤愤转身离开。长官看着他的背影，眼神复杂。

会议快结束时，人们都放松起来。忽然，宾馆方向传来一声震耳欲聋的爆炸声，画师瞳孔一缩向那里跑去。

据传，当日敌方多名军官死在那所宾馆。火光三日不灭，黑烟弥漫，附近的菊花都烧作了焦炭。在沦陷区的百姓拍手称快，喜气洋洋。自此我方局势大好，步步紧逼，取得了抗战胜利。

一切都尘埃落定之后，领导们开始着手进行抗战老兵的表彰工作。领导找到火灾中及时逃出的画师——现在已经是老战士了，赞扬他卧底数年，传递出多封有价值情报。

谁知老战士听了这话并未露出欣喜的表情，天边晚霞绯红，正如他的眼眶。他沉痛地说："领导，前期一直传递机密信息的并不是我，是我的长官啊……"

他颤抖着拿出妥善保管的一张手写纸条，详细列出了敌方接下来的战略部署——正是那日擦肩而过长官塞进他口袋里的。

原来那时中央派出了一批卧底，代号都为画师，合作将情报送出，隐姓埋名，前仆后继。

他还记得冲入火场的那一刻，长官遥遥对他露出一个解脱的笑容，命令亲信将大门落下，强行带他一同离开。随即长官引爆了最后一颗炸弹，拖着敌方所有军官一同下了地狱。

斯人已去，音容宛在。画师知道，那笑容是在鼓励他，往前走，别回头。

他最初领到的任务，只是协助传信。他在长官牺牲后，改头换面接替了那位长官的工作，为国奋斗到胜利的一刻。

老战士希望表彰战友，可终因证据不足，真实姓名不详，只立了座无字碑。

故事结束了，但英烈永存。我默然片刻，起身告辞。我临走时在无字碑边放了一束菊花，为其深深鞠了一躬。

指导教师：王玉红

枭　雄

◎2021 级 10 班　李明骏

东汉末年，汝南，许劭门前，一位青年正在叩门。周围人们指指点点，呵责着这个三代买官的世家。青年不为所动，只待门中人出来，说出一句所谓的月旦评。

"吱………"

木门缓缓打开，许劭看着这个搅扰他多次的青年，唇动齿不动地吐出："曹孟德，治世之能臣，乱世之奸雄。"青年曹操正待道谢，却只见评者拂门，挥袖而去，他也不在意，自顾自地走开。

下一刻，一个陌生青年踏着空间的涟漪出现，身着白色上衣，袖口紧贴手臂，下身并没有裳，取而代之的是两只长长的裤腿。他拱手而立。

"曹孟德？"

曹操陡然拔剑，寒光闪烁，剑锋距青年只一指之遥："你是谁？"

青年面不改色，微笑："晚辈，后世来人。"

"后世…………"

"你当我会信吗？"

青年手指轻弹剑锋，一股巨力让曹操脱手，剑锋直插地面。

曹操大惊，这让他更疑惑了。

青年突然开口："你想知道你未来做了什么吗？"

曹操哈哈大笑，负手，转身，背对青年。

"让某猜一猜。"

"曹某人二十五岁，已至杂号将军。"

"三十五岁，曹某人诗文天下闻名。"

"四十五岁，曹某在那万里侯曾一统西域的地方带领大军，开疆扩土，定边安民。"

"五十五岁，曹某英雄一场，大可以死去了。"

"想来未来的皇帝，感念某对汉室的贡献，封曹某为公为侯也不稀奇。"

青年摇了摇头："历史不会错的，你在二十五岁已两次遭奸人陷害罢官了。"

曹操听完，皱起眉头。

青年再开口："三十五岁，朝堂大变，你愤而归乡，揭竿而起。"

"四十五岁，你正和儿时的朋友袁绍血战。"

"五十四岁，你统一北方，官居丞相，携大军南下，意欲统一天下。"

至此，曹操脸色大变。

"六十一岁，汉室因你功劳，不得不封你为王。"

曹操愤怒了："嗯？端的不是个好东西！异姓不得封王！"

青年没有回答他，只是拱手："在下便以后世对您最常用的称呼称呼您吧，曹丞相。"

曹操脸色阴晴不定，随后摆手："想来彼时的孟德已走上了歧路。"

"但在此时此刻，曹某发誓，匡扶汉室，镇远安边！"

曹操盯着青年，一字一句，宛如实质的信仰压迫，扑面而来：

"我曹某人，立志为公，绝不徇私。"

"非我曹某所有，一文不取，非我曹某该坐之位，断然不坐。"

"尔等乱我心智，却是个笑话！"

语罢，拔出宝剑，转身离去。

十年后，荥阳野外，草地上。

曹操满身鲜血，手持长剑，身旁还立着一个陈宫。

青年从野地中走出。

曹操发觉陈宫不动了，回想起多年前的怪事，惊骇地转过身。

"曹丞相，我们又见面了。"

曹操神情不定。

"大公无私，便能为民请愿吗？"

紧握长剑的手指骨发白，他叹息着摇头："曹某没错，错的是这个天下。"

这次，曹操拜倒在地："先生教我！"

"教丞相什么？"

"教曹某如何净平宇内，教曹某如何扭转乱世。"

青年摆头："曹丞相乃一等一的人杰，我又有什么能教您呢？"

十年为官，贬谪，辞官，再起，再贬。

一切的愤怒积至今日。

"这天下有错！"

"士人的愚见是错，士人的偏见是错，士人的骄傲，更是大错特错！"

孟德满身鲜血，气势骇人："既不能为官，某便回乡招募勇士，以战，改变天下！"

青年叹息："究竟是我们能改变世界，还是世界会改变我们？"

曹操愣住了。

"曹丞相啊，我们十年后再见。"

青年穿行在时间长河中，自黑色幕布而出，站在许都的城楼上。

曹操身形佝偻，双手撑在城墙上叹息。

青年上前。

"当曹某看到满街行人驻足，就知道先生来了。"

"第三次相见，丞相现在，对天下如何看待？"

曹操转过头，满眼的愤怒。

"朝廷上那些老腐朽，总想着让那袁绍入许来代替曹某。"

"为什么？曹某可有哪里对不起他们？"

"若刘备投靠于我，我许他做大将军，我可对不起他？"

"那无能皇帝，曹某每年分出一大部分财物供他来挥霍，我可曾对不起他？"

"陈宫，王服，吴硕，曹某可曾对不起他们？为何都反过来对付我曹某！"

曹操目眦欲裂，怒拍城垣。

"那衣带诏一党如何处置？"

"杀，都杀了！"

"袁绍呢？"

"战！"

"在这之前，曹某不敢与之开战，但某杀其子，我们终有一战。"

"那倘若汉室拜相，丞相如何选择？"

"我受拜。"

曹操没有看向青年，他扶墙而立，目视远方，目光如炬，闪烁着锋芒。

"那倘有一日，丞相发现曹丕、曹植，抑或其他曹家子孙比汉家子孙更合适那九五之位呢？"

一直对答如流的曹操顿住了，半晌，幽幽一声长叹："汉室，不能废。"

青年慢慢退下："下次见面，晚辈当称呼您魏王了。"

天凉天热，寒来暑往，春秋倒转，星河依旧。

许昌城开始修筑宫殿了。

曹操掌控着整个许昌，却好似一直在等一个人。

这年秋天，拜将台上，一个声音打破了曹操的思绪。

"晚辈，见过魏王。"

曹操转过身，第一次露出王者的气息。

"寡人在此等先生多时了。"

"五十年了，寡人已经老得不成样子了，而先生却是一点儿都没变。"

"晚辈在时空中穿行，你我见面不过一个时辰。"

曹操叹了一口气，"如今寡人坐拥北方，士农工商齐兴。"

"只差收下南方，便可统一天下。唯有此法才能让百姓过上真正太平的生活。"

"只恨寡人当初没杀了刘备、孙权两个虚伪的小人。"

"那二位又何尝不是这样想的呢？"

青年嘴角一扬，语罢与那魏王相视而笑。

"你死后，曹丕不仅接了你的位置，还将汉献帝废黜，称帝，号为文帝，追你为武帝。"

曹操冷哼一声："后人怎么做是后人的事情，但寡人没有代汉。"

他看着这个贯穿了他一生的青年，无赖的语气爬上脸庞，化作了丝丝得意的笑容。

"您想知道后世对您的评价吗？"

"哦？"

曹操眉梢一挑，饶有兴致地听着青年的下文。

"没人能定义这乱世中谁是最勇武的武将，没人能指出谁是最聪颖的谋士。"

"但若问谁是这最大的英雄，那必然会得到统一的答案——曹孟德。"

青年的话语字字清晰，掷地有声，铿锵有力。

良久的沉默后，曹操开口了。

"这英雄是曹操，还是魏王？"

"是曹操，东汉的曹操。"

那庄严的魏王释怀地笑了。

又是一阵沉默。

"先生，这是你与寡人最后一次见面了吧？"

"是。"

"也好，寡人早就厌烦了这日复一日的争斗，倒不如早点儿死去。"

"这汉室，就这样吧。"

金风拂起衣袖，这个曾意气风发、誓要镇远安边的少年，最后留下这句话，一步一步地走回属于自己的宫殿。

落日的余晖洒下，拉长了渐行渐远之人的背影。耳畔传来的是将士们漫天的喊杀声。历史的尘埃乘风而起，在他身后肆意地舞动着。

青年不语，只是向着那个背影，深深地鞠下一躬……

指导教师：方思璐

幸 运 币

◎2010 级 10 班　高 宇

　　彼得怒气冲冲地走出家门，因为他在临走时和妻子大吵一架，原因嘛，倒是有些微不足道，原本，夫妻间能引起争执的事情，永远不会是关于世界和平的问题，大多是鸡毛蒜皮的事。就比如今天的这场争吵，导火索只是妻子珍妮在帮他系鞋带不小心系成了死扣，再加上这些天来他们之间的关系一直很紧张，于是这件小事就似乎理所当然地引发了战争。在我们看来小得可怜的事，那样轻而易举地破坏了彼得的好心情。

　　他走在熙攘的马路上又想起早上厨房里传来的烤焦了的面包味，想起办公室一摞比他还高、等待处理的文件——这些已经是他积压了一周的工作，如果不在今天太阳落山前完成这些工作，上司就会毫不犹豫地履行他的诺言：解雇了他。这当然不行，彼得是家里的经济支柱，如果他被解雇了，昂贵的房租怎么办？每天满桌的饭菜怎么办？还有珍妮高昂的化妆品？没了这份工作，这些花销要从哪里来呢？

　　他又想到或许中午吃饭的时候又会在饭里或菜里发现一只苍蝇或蟑螂，他已经连续三天在吃饭的时候看到这类生物

"安详"地躺在他即将放入嘴里的饭中。然后又回想起他走出家门时身后传来的响亮的关门声，这样的声响十分明显地透露出妻子的不满。"指不定她会在家里怎样骂我？"彼得愤愤地想。于是他的脑海里又浮现出一幅场景：珍妮舒服地盘坐在沙发上，手里拿着大桶的爆米花——正是彼得最喜欢的那种，不时因为电视里的内容而大笑一场，在播放广告的时候，又会因枯燥无味而自言自语地骂上彼得几句。或许她还会打电话给她的几个密友，向她们诉苦。"我和她不同，她身边总是环绕着许多朋友，而我，和她相比总显得我很孤独。"彼得的脑海里又突然冒出这样的想法，这使他原本就低落的心情又一次受到重重的创伤。

因为他的脑海里萦绕了太多想法，他根本没有注意到迎面向他高速驶来的汽车——一辆黑色的不知名的跑车。从很远处司机就看到前方的那个男人魂不守舍地行走在车的正前方，所以按了十几次喇叭，引得路边的人都停步观看，但这条小马路实在过于狭窄，车辆根本无法绕开前方的阻碍物。当司机注意到彼得根本没有任何反应时，车已经离他很近了，这样的距离若想刹车已经不行了。那辆车即将撞到自己时彼得才发现，但却因为一时紧张，愣在原地，手里不知为什么，紧紧攥着一枚硬币。这是一个在他兜里已经有五个月了的硬币，其实有好几次，彼得想要把它花出去，毕竟放在兜里是不方便的，圆溜溜的硬币，是很容易滚出去的。但尽管他总是想，却一直忘记兜里还有这个小家伙，有一次他出差从外地回来，在船上钱包被偷了，于是就饿了两天，其实他兜里还有这么一个硬币，足够他买一个面包了。但彼得就是没想起来，回到家时差一点儿就要昏过去了。

当他握住那个硬币时，不知从什么地方飞驰出来的一辆卡车，将黑色的跑车撞到了路边，虽然这两辆车撞得很惨，但彼得还是幸免于难了。彼得看到这一幕心头一紧，下意识地又紧握了一下手中的硬币。这时他不知为什么，脑海里突然冒出一个奇怪的念头：或许正是因为这个小硬币，我才安然无恙。随即他又马上肯定了这种荒谬的想法：对，它一定是我的幸运币。尽管有时这种类似的想法也会在我们的脑海里一闪而过，但终究是荒谬的。

彼得肯定了这种想法后就马上跑到一家超市，千挑万选买了一个袋子将它装了进去——一个价值不菲的袋子。周围的人看到彼得花了这么多钱，却只放了一个连袋子角都买不到的硬币时，都露出诧异的表情。但出于礼貌，也都只是在心里笑出声来，有的实在憋不住就转过身，对着墙笑完再转过来，继续维持着一种似笑非笑的表情。这些显然彼得没有注意到，或者他注意到了也没有关心。他那时正在满意地欣赏他买的那个袋子，以及里面装着的一枚硬币。可是他并没发现袋子上的一个小口子，一个极小却足以使硬币漏下的洞。

他就这样兴奋到近似疯狂地走在马路上，穿梭在车与车之间，他趾高气扬地走在车间，手里紧握着那个袋子，相信那枚所谓的幸运币能保佑他，不会给他带来任何灾祸。甚至他还想到，也许以后他就再也不会受妻子的气了。彼得正这样想着，那枚幸运币却从那个漏洞里滚落出去，落地的响声使彼得注意到，来不及思考它怎么会掉下去，急忙俯身去捡，硬币一直向前滚，彼得就一路追，完全忘记此时还在马路中央，一辆公交车急速向他驶来，车的鸣笛声划破整个城市的寂静，彼得看到了车向他驶来，但他并没有躲避的想法，因为他只想抓住硬币，只要在车撞到他的前一秒就好，这样幸运又会降临。硬币已失去惯性，在原地打了几转后倒在了地上，彼得兴奋地一把抓住它，就在这一瞬间，车直直地撞向彼得，他倒下的时候，脸上还是一种满足的笑容，他或许还没来得及去想为什么明明已经有"幸运币"在手，还是没能幸免于难。

没有人知道为什么彼得会为了一枚普通的硬币而不顾生命安全，其实就算他们知道了原因，大概也无法理解。

人们无论怎样用力，都无法掰开他握着硬币的那只手。直到他下葬的那一天，硬币都被他死死地握在手心里。

指导教师：周海燕

学子心

（家乡与校园）

引　言

　　不同的故事，相同的情感，大江南北的少年，总有一致的笑声与悲歌。然而从长白吹来的风，隔着重山，依然带来了雪和火的气息。也许是呼啸的寒风与炎炎的烈日，也许是纷纷扬扬的大雪，让"一路北上"这个词听起来总是那样豪气干云。东北，东北的孩子，毕竟镌刻着属于这场大风雪的平仄与韵律。风雪有爱，花木有情，东北的广袤大地和那土地上的阵阵炊烟滋养了东北孩子眼中的雨、耳畔的风、心底的歌、笔下的路。

　　"生平只负云小梦，一步能登天下山。"本部分所选的文章或描摹家乡风物，或选景菁菁校园，所有文章展现出来的襟怀、格局和眼界无不彰显东北少年的勇气、全力以赴的锐气和心底无私的天真气。世间万般风景，最是故乡月明。我们欣慰这些少年作者以青春之名，为家乡放歌！以爱之名，为家乡放歌！

不过一条林荫道

◎2022 级 22 班　董佳霖

青华校园实在是不大，不过一栋小教学楼，不过一个地下食堂，不过一圈跑道，不过……再加上三四个"不过"，恐怕也轮不到那条林荫道。

小道紧贴着教学楼，是窄窄的一小段，似只剩一块山楂的糖葫芦串。除了楼梯与后门之间的部分还算宽阔，其余地方两人并排走都有些费力。路边有木质的长椅，我是从没闻到过木香，但被冻过屁股。树间植于道旁椅侧，不甚密集也不算稀疏，矮矮的，颇秀气，只是夏意正浓时，树荫遮道尽赏绿的意境可能大打折扣，落得头顶树枝叶为冠的窘境。

虽如此，但我要说，这条林荫道，是个顶好的去处。

入学半年，我常常在这儿消磨时光。没什么闲情雅致，只是为了散散心。清风拂面，有时看飞鸟，逐落日，有时与同窗谈笑，听窗子里爆出的笑声，还有时像朱自清一样随意想点儿什么，很是有趣。每每如此，我真感觉自己是个自由的人。

仍记得一次落日。我行于此，郁于成绩，悲于学业。放学时不愿回家，站在小道的尽头，如向外窥视的笼中鸟，于枝叶中辨认落日的残影。依稀看见，火红的夕阳偷喝了晚霞的酒，一点儿一点儿褪去了郁气，剩下温柔的红润。街灯明了，好像闪着无数的明星；天上的星星也时隐时现起来，好像缥缈中的无数街灯。

回头望去，渐退的日光收尽苍凉残照，林荫小道似返璞归真，质朴起来。树静静地伫立，树干的纹理清晰可见，镌刻着时间的痕迹；长椅沉默而无声，草地里翻滚着泥土的气息。端庄，纯粹，不长的小道涵容不尽。他如历尽沧桑的老者，著述等身的学者，温文尔雅中透着刚劲有力，眸中是深藏的智慧，如尼采，如列夫·托尔斯泰。我感受到他的目光，他注视着我，注视着这个放学不回家的我，注视着这个如初生牛犊一般的我，注视着这个踌躇满志自鸣得意却败走麦城的我。

我不禁打了个寒战。偌大的学生集体，数十年的时光，他会见过多少我这样的人？不，这还不是重点，重点是这样的我最后怎么样了？未来还会有多少我这样的人？他们又该何去何从？

排名，那个虚无缥缈的数字究竟怎样决定着我的命运；高考，那个温馨而残酷的谜语到底在以怎样的姿态等着我？

四周只有风声。

对视着，对视着；纠结着，纠结着。天色黯淡，暮色苍茫。一个十五岁的茫然的少年，正眺望着未来的自己，又在未来回望现在的自己。四下朦胧，吹过一缕闲风，几片树叶飘落。

我只是在跟自己钻牛角尖。

没过一会儿我便往家走了。有些事情模模糊糊的，好像明白了但其实没明白；好像没明白但心态上至少是有了一点儿改变。有的事情是不可着急的，也不能妄下定论，想太多也不一定好，总之先有个方向，去做着试试。未来是变数，我就是我。

本以为顿悟后能突飞猛进，但这之后学业成绩还是一塌糊涂。还好我愿意去做点儿什么，解决现有问题也好，填补过去漏洞也罢，总该做点儿什么，总有事去做。命运既定与乾坤未定都无所谓，有所谓的是"试着做做"的勇气和心态就足够了，万一成了自己的上帝呢？我想这心态不只应用于学习。

我还常常在这条小道漫步。

不过一条林荫道？不不不，在这个校园里，它见证了太多奇迹，看到了太多失意，享受了太多欢笑，聆听了太多哭诉。正因如此，它已成为这座校园的脉搏，迸发出最野性的生机与活力；正因如此，它给人一种阅尽千帆的沉静，道不可轻传，可它愿意教给所有人，"救赎之道，就在其中"。

驻足其间，我倍感心安。

"岌岌众乐醉翁处，戚戚独往雪夜湖。好时称坏坏亦好，无中道有有也无。"

灵光一现，我为它题了首小诗。不知算不算妙手偶得，但我自己很喜欢。如果说张岱的身影已烙印在湖心亭中的话，我想，盘踞于我灵魂深处的，不过一条林荫道。

指导教师：王宏伟

长春十二时辰

◎2022 级 2 班　耿铭泽

破晓·卯时

橙光隐隐，一把竹制扫帚出现在人民大街的灰白色板砖路上。几辆清扫车和垃圾车是黑黝黝的柏油路上唯一的暖意。银白的反光带，颇显出憔悴的脸，深深蚀刻的皱纹，都诉说着一个个年过花甲仍奔波劳碌的灵魂。

疲惫静静地蔓延，然后在日出的微芒中收敛。街旁的早餐店开始蒸腾出团团白气，揭开锅盖是一屉洁白暄软的馒头。"叮咚——"第一声铃响总是有些惊喜又有些令人生厌的，扰乱早梦的闹钟不也是这样的吗？但总归是，食客已搓着冻红的手（长春的深秋总是个位数的温度），坐在还未焐热的座位上，要一碗新熬好的八宝粥，一碟腌渍得剔透玲珑的小菜，或许再来两个牛肉大葱馅的包子，抓上一个爱人最喜欢的米饼，打一杯热乎乎的豆浆。

老板娘眼睛眯成个月牙，笑着跟食客简单聊两句，热情爽朗的笑声响遏行云，那是东北小城居民对生活最朴实的热爱。

朝食·辰时

长庆街。熹微的晨光温柔地从云层滑落，流泻到满地的红砖里，填满每一个缝隙。已是银杏开始泛黄的晚秋了，橙黄的阳光为大地带来一丝久违的暖意，气氛被骤然烘烤得热火朝天。

一片紫衣少年，眉宇飞扬，噙着一抹笑意，唇齿间吐露一场场绝美的知识盛宴；一串清脆的笑声在阳光下化作无数银亮的羽毛，那是少女们三两挽着臂膀，谈论着课堂上的精彩瞬间。直到紫衣服们像染色体般归位，上课铃响起，迟到的同学加速跑进校园，老师神情亢奋地迈步进入教室，喧哗才凝固在空中摔落到地上，铿然一声脆响，算是清晨骚动的终结。

只有一句长长的"高价回收——冰（bíng）箱（xiāng）——彩（cǎi）电——"还在寂静中穿行，就如同那声音来源的三轮一样，背负凄凉，仍然挣扎着迎接朝阳，满地阴凉间，光影斑斓，路延伸到希冀的尽头。四四方方的小街小巷是他们倔强的栖息地，且让诗意延长，岁月徜徉。

隔中·巳时

卫星广场站，地铁。交错纵横的轨道上高速飞驰的是列车，夹着公文包沉默不语前往谈判场地的人，穿西装扎领带、蹙着眉焦急地接着电话道歉的人，从一个写字楼去到另一个写字楼的上班族……路很远，时间很长。照明的灯光一条条从车窗玻璃掠过，隧道上方是无尽的黑暗，"覆压三百余里，隔离天日"。

匆忙的脚步声充斥了狭窄逼仄的空间，但这就是城市啊，这就是生活啊，每个人都一声长叹，然后坐在地铁白得发亮的小椅子上，望着不断重复无聊广告的小电视，或是翻着无意义的手机消息，索取片刻的歇息。当地铁进站绿灯变红灯，他们又要收拾行囊，奔赴下一场山海。

日正·午时

各个快递点，快递小哥们有条不紊地分选着快递，像寡糖链修饰蛋白质，反复折叠、扫码、拆包装、查验、封好，行云流水的动作仿佛一切都像太阳东升西落那么自然，那么清晰严谨。

快递小哥扫完最后一个快递盒子，从桌子底下拖出一个方便面盒子，倒上一碗开水，坐在小马扎凳上缓缓腰，伸伸腿，吃着咸香四溢的面，规划着下午送货的路线。深秋的天气虽冷，他黑色的衣衫也浸透了汗水。

日映·未时

一汽流水线。工作服里套着一个个热情洋溢的青年，他们手中翻飞着装配好各种零件，传送带走得慢慢的、稳稳的，仿佛它托举着中国工业的未来。

晡时·申时

空军航空大学。年轻的飞行员从机身走出，摘下像杏仁核般的头盔，脱掉汗津津的手套塞进兜里。墨蓝色的迷彩军装上军衔闪耀。教员喝了口水，转头看向刚刚单飞的学员，眼神里是憧憬，是赞许，是肯定。所有的优秀表现与训斥都在发动机的轰鸣声中涌入脑海，然后，化作会心的相视一笑。

因为啊，哪怕是钢铁铸就的军队，也流淌着、传递着真情。

日入·酉时

万亩农田，寻常人家。参差炊烟，万里麦浪，金黄无涯。炊烟飘过村落，流沙走过指缝，麦香游过鼻尖，斜阳的光辉给稻麦又镀上一层红光，随风如波浪般游动，金黄热烈，一切从其上滑过都溅落成一地明亮的暖光。

黄昏·戌时

晚高峰拥挤的亚泰大街，交警们来不及拭去脸上淌下的汗滴，手中紧握荧光棒指挥着，叼着一个哨子，鼓着腮不断吹气，发出一声声嘹亮的提示音。

人定·亥时和夜半·子时

夜半灯落起洗濯。最后几粒零星的灯光也灭了，夜幕逐渐舒展成浸透了油墨的纸，半黄不黄的路灯与黑暗殊死搏斗，但夜色还是义无反顾地漫下来，漫下来。长春，这北方的安静的小城，这寒冷的冻结焰火的小城，静静闭上了惺忪的睡眼。

鸡鸣·丑时和平旦·寅时

　　天边一串响亮的啾鸣，妇产医院里一个呱呱坠地的婴儿发出了来到人间的第一句啼哭。天，又要亮了……长春，已走在将醒未醒的梦的边缘。

指导教师：李艳华

长庆街这条河

◎2019 级 28 班　刘蔚池

亲爱的

我永远不会对你讲

河水为什么这么缓慢地流淌

　　长庆街是一条普通而又特殊的街道。说它普通，是因为它有着街道常有的元素：路灯，商店，车辆，以及行走着的人们。说它特殊，是因为它连接着三所学校。每天早上，熙攘的人群和火车车厢一样的车辆挤在一起，从天上看，就像一条龙睡在了静止的河水里。而到了中午，一群身穿紫色的印着星星图案校服的高中生们就会挤满整条街道，把长庆街织成一条紫色的河流，里面有红色、绿色、黄色的星星在饥饿地闪烁。晚上，人烟散去，长庆街恢复了它的原始面貌，只剩下不远处的南湖传来湖水荡漾的声音。

　　这就是长庆街，一条伸展在长春市的某个角落的街道。作为紫色校服的一员，我几乎将每一天的时间都奉献给了它。我在这里学习与生活。无聊的时候，我就独自一人走在街上，把我的心声讲给它听（路人看我就像是在自言自语）。长庆街是一个虔诚而又寂静的倾听者，它总是沉默寡言。但偶尔我也会听到簌簌的树叶随风响动的声音——那是它整齐简短的答复。

长庆街一头连着南湖——那是城市里为数不多的湖泊，一头被楼房挡住，只好分岔成为两条小路。每到夏天的午后，南湖的风就要拥挤着叫嚷着跑过整条街，带来一阵阵有水草腥味儿新鲜的水汽。就在一个极为平常的下午，这种气味飘进了我的梦里。

那是一个神奇又浪漫的梦。我梦见南湖的水疯狂地上涨、上涨，它像洪水一样漫过岸边的人行道和草坪，它冲出公园的大门直奔长庆街而来。它们争先恐后，兴致勃勃，它们把长庆街变成了一条河流。街上的人们狼狈地躲进楼房，手忙脚乱地拧着被淋湿的衣裳。就这样，长庆街成了长庆河，它在我的梦里拥有了水草、鱼虾，还有五颜六色的观光艇。

醒来之后的我立刻把脑袋伸出窗外——然而长庆街并没有比以往更湿润一些。但梦里的激情依旧在我脑子里停留，我不厌其烦地回味品咂。"这是我创造的梦，是梦就有可能变成现实。"我不断地对自己说。于是第二天我热切地把梦境分享给了我的同学。然而他们却没有一丝兴趣，甚至可以说厌烦。一位理科很好的同学告诉我，南湖的水永远不可能溢出来，就算暴雨连下一周，溢出的水也不会涌进长庆街，它只会沿着工农路倾泻而下。另一位喜欢研究心理的同学则引用了一句弗洛伊德的名言"梦是愿望的达成"，之后好心地指出我为什么不想着学习，而是整天去乱想一些异想天开的事情。另一些同学批评我是虚伪文艺，还有人戏谑地问我的脑子是不是进了"长庆街的水"。总之，那一天我自己就像是一条被河流抛弃的鱼，搁浅在河岸边，忍受着太阳炽热的嘲笑。

回家的路上，我一直在赌气地踢着长庆街上的石子。天空十分阴沉，像是被扣上了铁皮盖子。那些被我踢到的倒霉的石子有的滚进了井盖的小孔里，有的飞到了马路的对面，有的夹在风中没了去向。就在我马上要对下一个石子发力之时，一阵风使它发生了位移，我跟着惯性倒在了地上。屈辱，难过，压抑了一整天的沮丧齐刷刷地涌来，我想哭，想叫喊，但又不想被路人所耻笑。我最后只好低沉地骂出一句话："长庆街是个屁河流，它就是个屁，屁都不能让自己的鱼摔跟头。"

我对着脚下一字一字地骂道。我和长庆街在那一刻决裂了，我的梦境也在骂声中消失了踪影。如果不是天空发出了一声粗犷的怒吼，我和长庆街的情感真正就到此结束了。但随着那声粗放有力的雷声，长庆街开始下起了暴雨。

我从未见过那样激烈的暴雨。身边的同学们举着书包从我身边疾驰而过。我有那么一刻想要和别人借一把伞，但我环视四周的工夫就已经被彻底淋湿了。街道里的叫喊声纷至沓来。人们都在惊叹雨势的凶猛，自己的新鞋又被雨水泡了，书包里的作业也要湿掉了，明天如果感冒可怎么办？这时我才在心里暗暗忏悔——我不该那样呵斥长庆街的。

我在暴雨下走着。街道里的水越积越多，排水井早已不堪重负。水渐渐地没过了我的鞋面，而街上就剩下了我自己。那一刻，我重新想起了我的梦境，我惊讶地发现，那个关于长庆街变成河流的梦，那个被别人嘲笑过的梦，现在，就在我的眼前清清楚楚地变成了现实。

"长庆街变成河啦！它真的变成河啦！"

我早已变声的嗓子里竟然发出了稚童的声音。我像一个预言家，又像一个胜利者在河里奔跑，挥舞着双臂。我沉浸在了这种不可思议的现实之中。就在这时，我突然间发现校服上的星星不见了，我四处寻找，最终竟然在河流里找到了它们。它们闪烁着，跳跃着，它们像大珠小珠落玉盘那样起舞，后来我隔着模糊的眼镜看到，不只我的星星，还有那些刚刚奔跑回家的同学身上掉下来的星星，它们在这条河流里开着一场盛大的派对，它们为什么那样高兴，我猜它们应该是在庆祝我的梦境成真，它们在庆祝长庆街的灵魂向我显灵。我尝试向目光的尽头望去，我想看看南湖的水到底溢没溢出来，但是河流的雾气挡住了我的视线，虽然没看到，但我始终坚信南湖的水此时在迅猛地生长，生长，直到暴雨停歇。

经历了那次神圣的洗礼之后，我坚信长庆街就是一条真正的河流。不论别人怎样质疑我的经历，我都会昂起头颅捍卫着属于长庆街的荣誉。每当我的笔尖落到纸上，我总会听到窗外的河流在缓缓流淌，那是一种和谐的声音，像母亲的爱抚，也像父亲的沉吟。从那以后，我和这条河流便开始了一段平静而又漫长的日子。

直到有一天，一张惨淡的成绩单打破了这种平静。我拖着沉重的脚步回到了自习的教室。我不敢相信那是属于我的分数。几个月不知疲倦的努力在面对那张苍白的成绩单时失去了任何意义。我一会儿趴在桌子上，一会儿用双手捂着脸，一会儿看一眼那个早已被泪水浸透的纸单。我一时不知道该往何处去。我甚至萌生出了堕落的念头，就像堕入河底的深渊一样，一去不返。忽然间，我隐隐约约地听到窗外有微弱的歌声传来，那歌声最开始微弱得像没有呼吸，后来渐渐地清晰饱满，很快便走到了我的窗户下。歌声里的歌词很简单，唱来唱去就是几个字：

"我要飞啊飞，飞啊飞，飞啊飞……"

正是这个歌声，这个来自 20 世纪的沙哑收音机里的歌声，将我从深渊拯救了出来。我的思绪顺着歌声仿佛在向天空飞翔。我好像看到一只海鸥在不停地扇动翅膀，它的下方就是长庆街这条小河在静静地流淌。在这歌声背后，我又分辨出了一种声音，它像是船夫吱呀吱呀地摇着船桨，当我伸出头望去，才发现那是一位老爷爷骑着生锈的自行车，车篮里的收音机播放着这首歌。他吱呀吱呀地渐渐离我而去。

我才明白，这是长庆街的河流在为我摆渡。

长庆街的河流让我逐渐地相信它有某种灵性。现在的人们相信神灵的越来越少，我却固执地相信长庆街的河底一定住着一位河神。这么多年过去，长庆街上的学校都上了年纪，以我所在的高中为例，它已经与长庆街相伴了整整七十年。但是它创造的神话却从未停止。河底的那位河神一定是在孜孜不倦地为这些星星们谱写传奇。那些红色绿色黄色的星星被这里的河流孕育了三年，纷纷飞向了远方。它们之中有的飞入了北京的未名湖，有的欣赏了荷塘月色，有的去到洞庭湖品尝了一盘青螺，有的甚至飞到了牛顿的那棵苹果树上，甚至飞到了火箭的身上。那些星星现在也许已经散布在了天空的每一个角落，你若不信，你会在长庆街河流的底部找到一摞一摞的证书和荣誉，那些都是星星们送给河流的礼物。

一年过去了，长庆街这条河流不知不觉地陪我流过了三百六十多天。在这些天里，我总是在问自己一个看似没有答案的问题：长庆街这条河里流淌的到底是什么？我在街上走了一遍又一遍，试图发现一点儿线索，但是却没有任何头绪。直到有一天，当我在痴痴地望着河岸边的一棵树时，我突然间找到了答案。这一次我没有叫嚷，也没有挥舞双臂，而是静静地注视着那棵树，注视着树梢上烧得正盛的火烧云一点儿一点儿隐退在黑夜里。那棵高大的树挺着沧桑的背影，像一座山，像一种职业，也像一个父亲。它的背影虽然消失在了黑夜里，但我相信它始终矗立在那里，无声无息。

亲爱的，我永远都不会对你讲，河水为什么这么缓慢地流淌，因为这是属于长庆街这条河流的秘密。而它的秘密是什么呢？它的秘密，就是那燃烧着的、沉默着的、流淌着的永恒的时间。

指导教师：李跃庭

附中是一张永恒的纸

◎2017 级 28 班　曲宣任

三年昼夜交替，我们将时光和回忆铭刻在楼角廊尾，如果去五层楼的每一层走一走，仿佛到处都是自己曾经的留影巷和回声谷。如同花眼的人一般，我们在空间中重重叠叠地留下字迹，在同一张纸上就写下了一本书。

一

时间，昼夜，年月。附中的时间永恒而又绵长。一张纸的长度是它的记述赋予的，我写下 2017—2020，一张纸就已经长达三年，不再是普通的纸了。而我写下 1950 这个起点的时候，就更一发不可收了，只要世界上还有树木在，这张纸将必然加印，以获得延续。

纸上的字迹，辨认不出来写下的时间。这段记忆，到底是一年前的还是两年前的？如果认真回想，往往会被答案所惊讶。恍若昨日的苦乐往往已经是隔了很久，而中间的生活就认不出了。事实上，我们是从这样的辨认中突然发现一个小孩子都知道的道理：我们这三年所在的，是同一所学校。去体育馆看看，你高一体育测试时做不上去的引体向上，和你高二测试时仍然做不上去的引体向上，是在同一个地方。你用手握着它，就渐渐和两年前的自己重合。

纸上的字迹，构成了我们。人是由过去所组成的，这铭文般的刻痕，就固定在校园的那一个位置，由于校园存在，所以我们是拥有过去的人，是在时间尺度上延续的人。如果以后我走到生命的尽头，神灵一定会让我开具一个纸质证明。这个证明像是现在的合同或者是文书一般，证明我的确是在每一个环节都存在于人间了。那么有一张纸毫无疑问，将是我的学校，将是我每天走过的大理石台阶和摇摇晃晃的铁栏杆。至于这张纸是如何见证的，那将有一个语法上的讲究。现在我写，我见证附中，那应该是："我曾穿过附中的夜色。"但是到时候用附中去证明我，那就必然是："附中的夜色穿过我。"

我和学长们从同一扇门进入学校，在同一个时间听同样的铃声。附中的台阶，谁走都是那样的上升。倒计时日历翻了又翻，还不是从三百六十五到一，再猛然回还。一届一届地送走，正如一届一届地送来。附中的校服周而复始，附中的精神恒久不变。永远有附中人在人事代谢，物象变迁的时光中，这是一个锚定了的宁谧之岛。

就这样见证着一代又一代学生，学校成了永恒的纸船。我曾经开玩笑说，附中操场上的草真当得起"草绿了又青"这样的四季常春的话。年年先发，每冬后凋，生机勃勃，无穷尽也。从时间上，这将标示着永恒。

二

空间，校园。附中的空间博大而又无穷。一张纸能有多大，取决于其展开了的面积。我们如果学会倒揭三层的技艺，或者是须弥芥子的神巧，就能拓开一张纸的大小，揭开每一层的不同字迹。

附中的第一种广阔，在于人。语文老师和我们讲，一千个读者心中有一千个哈姆雷特。那莎士比亚岂不是坐地就能成为高产作者——他不但可以说，我写过一千个主角，实在是高产到了冠盖当代的地步；而且可以说，我在同一本书里就塑造了一千个主角，更是技艺高明莫有比肩。

这当然是个玩笑，但是附中何尝不是这样，她正在同一张纸里塑造一千多个主角，自然是育人有术；更是由于有了一千多个主角，从而播散开了附中的博大。

我们从 1950 开始，一直到现在——2020 的某个时间，这里出现了无数英伟的大人物，也出现了无数同样英伟的普通人，他们都是自己生活的领袖。每一个人都拥有一个附中，所以附中的面积无穷之大，附中的故事卷帙浩繁。

附中的第二种广阔，在于自由和宽容。我还记得高三年级曾经做过一个"你的高三多少度"的调查。有人说一百度，像热水一般浪烫；有人说三十六度，像体温一样温柔；有人说三百六十度，像空间一样广阔；有人说众里寻他千百度，像理想一样动人。每个人都可以自由书写自己的故事，没必要千篇一律写成雕版印刷术。

我曾经上台演讲，讲得有趣，虽然学术水平一般，却也受到了观众的宽容。上台之前紧张得不行，老师们也都宽慰我，最后竟获得了不错的反响。或者去参加历史知识大赛，我们几个文科的同学在理科班面前丢盔卸甲，一溃千里。回来也受到了热烈的欢迎。现在想想，人的意气风发免不了要龙王施云布雨，搭台渲染。有的时候主角上去了，腾云驾雾没有表演好，那也没什么。观众们从不会嘘声一片，道具师们也从不加以批评。这是一种博大和宽容。

三

校园，社会，国家。附中的情怀高远而又博大。一张纸的厚度，取决于其上字迹的力度。

有的字力透纸背，就显得纸张特别地立体；有的字入木三分，就需要纸张尤其地深沉；有的字掷地有声，就听出纸张格外地厚重。

积土而成山，每一粒微尘都因此高大；积水而成渊，每一滴水珠都因此深邃。附中和个体相互依存，朝着家国天下的方向拓展。

我上周去听邵志豪校长的讲话，最后他问了一个问题。他说："同学们，你们认为，在这次疫情中体现的中国精神是什么？"

我当时答的是"共同进退"。对这一个词，我心里有更具体的解释。我觉得，一个社会的发展和正义，不是少部分人在拯救大部分人，而是发挥大部分人的力量，所有人共同走向光明。

当然校长的境界更高，他说，中国精神的意义在于我们。革命精神，改革精神，可能都因为新一代的成长而远去，而新的精神需要我们去创造。等到很多年后我们也可以指着教材说，这些精神，是我们曾经亲手创立的。

这只是附中情怀的一个侧面，但已经足以说明事实。以前写文章的时候讳于谈论家国，因为在年轻人之中这不很流行，不很讨喜。现在倒是明白，这不是什么不好谈论的事情。冷峻的反思是我们要有的，但浩然的热忱更是我们应具备的。

还有另一个例子，是五四的时候举办的誓师大会。我曾经因为身体不好，辜负了很宝贵的一段时光。自然在誓师时心心念念，满脑子想着自己要上一个好大学。形成鲜明对比的是，当时二班在我的旁边，我以为他们要说一些加油鼓劲儿的话，结果没有。人家呼喊的是："为天地立心，为生民立命，为往圣继绝学，为万世开太平。"醍醐灌顶，掷地有声。这将我从蝇营狗苟的边缘拉了回来，一瞬间就明白了自己当初的方向，然后泪流满面。

如果你也有一个地方、一句话能改写你手中的故事，那你也会流下同样的泪水。我想，这样的记忆将在我的生命中永不褪色，就正对着元晖楼的台阶，在每一个附中学子踏过的地方。

附中已经走过七十年了。对于附中的荣誉和高度，建功必须有我，但是功成不必在我，作为一粒尘土，我们与有荣焉。对于附中的纵深，我们曾经做出了自己的贡献，并将这样的深邃融进自己的心底。这样的一张纸，我们曾在上面写下了自己的字迹，虽然不一定是名字，但是已经足够成为历史。

四

附中是一张纸，它绵延不绝，它广阔无穷，它山高谷深。知识和教育是永恒的，因为江山代有才人出；附中是永恒的，因为她历久弥新。我们可能是附中的一个字、一句话，卓著者会留下一个篇章。但无论如何，我们书写了校园的长度，校园证明了我们的存在；我们演绎拓展了校园的广度，校园搭建了我们的舞台；我们构成了校园的深度，校园开阔了我们的胸怀。

指导教师：潘晓娟

青华负一层钢琴使用须知

◎2022 级 17 班　尚　狄

　　你走入附中的第一天，校园每个角落的发现都能给你带来无比的新鲜感。你偶然瞥见青华负一层中厅的钢琴旁贴着一张纸，这张纸已被消毒水无数次打湿，褶皱间露出歪扭的文字。你走上前，睁开眼，努力辨认起这张纸上的一切。你曾记得的一切：青华负一层钢琴使用须知。

一、无所顾虑地自由演奏

　　这里的设计可使一切曲声无法传播到二十米之外。你不必炫耀自己的琴技，同样无须为自己技艺不精感到羞愧。对于这架钢琴，每一位演奏者都只是她匆匆的过客。在她眼里，演奏者从不分高低。只要你诚恳地在此演奏，她会尽力配合。听众亦不会打断你的演奏，只会驻足倾听或悄悄离去。在这里，你是自由的。无论如何，你的演奏结束后，听众们总会为你献上诚挚的掌声。

二、善待你的同行者们

　　钢琴的琴凳可以打开，里面装有样式各异的曲谱。这些谱子已成为她的一部分，且还要伴随她走很久。这些曲谱来自你的学长们，请你善待他们。不要打乱、折叠或涂抹这些曲谱。如果你愿意，你也可以将自己的一份放入其中，成为他们的同行者。她会容纳每一个崇敬音乐的人。是她赋予你们在此相聚的缘分。

三、努力想起上去的路

负一层的环境会令人感到寒冷和失落。音乐能暂时驱散寒意，使人忘记忧愁与烦恼，但人总要回到阳光下生长。为了健康着想，请努力想起上楼的路。如果你一时忘记了，你可以试着弹奏钢琴。她会提醒你，钢琴后侧的那扇门，是通往楼上的路。沿着楼梯的方向走，也许路会很长，但不要怀疑、不要恐惧，直到看见阳光。初见阳光可能会感到刺眼，但你很快就会适应。

四、拒绝让记忆褪色

时光很短暂，请珍惜你被旋律打动的日子。在演奏结束后，你将要离开此处。作为纪念，你可以带走一份记忆，但莫让这记忆在未来褪色。你会在未来看到许多钢琴，听到许多曲子，但请你不要忘记她。这架钢琴不算精致，可至少还算新，不要让她在你的心中褪色。她会记得你的，请你不要忘记她。

时光一晃就已过去。教室里多半搬空了，从未显得如此宽敞。你的三年已打包好，沉甸甸地背在肩上。你最后一次关上了教室的门。

"你再看看！"有人喊。"都带上啦。"你应道。"其他地方的呢——"那人仍问着。

你忽然想到了那架钢琴。

周五下午六点三十五分，你最后一次来到青华负一层中厅。她正等着你呢。你把书包靠在墙边，坐在琴凳上。

你闭上了眼睛，和她共同弹奏起乐谱的终曲。那深情的、雄厚的琴声在耳畔荡漾……

欢迎来到青华。

指导教师：贾　楠

逝去的叫卖声

◎2009 级 2 班　李赢霓

经常会浮起一些熟悉而又陌生的声音。楼下响起的一声叫卖，打碎时间流逝后留下的痕迹。那些在生命中几乎不会再出现的声音，从遥远的过去急急地赶来。

卖豆腐的小伙子——在时间中凝固的雕像

"豆腐咯。"这大概是我童年里最熟悉的叫卖声吧。

每天黄昏，那个卖豆腐的小伙子都会蹬着三轮车来到院里。两板白胖胖的豆腐平躺在车上，憨态可掬。他的叫卖声并不响亮，而是沉重的、浑厚的、朴实无华的。爷爷听到叫卖声时，就会往窗下望望，然后右手伸进上衣口袋，掏出一张五角钱的纸币递给我："去，拣一块回来。"

我接过那张紫红色的皱皱巴巴的五角钱，攥在手里，噔噔噔地跑下楼。跑过他面前，把钱递给他。他小心地把豆腐放进我的小盆里，然后冲我嘿嘿一笑。黝黑的皮肤上，汗水在微微发光。

我总固执地认为他以后能做个小老板。因为他好吃的豆腐，他劳动的汗水，因为他的朴实，他的勤劳都是他幸福的砝码。他以后一定会做一个小老板，我固执地想。

后来，由于种种原因，我家搬离了那个院子。而这种贩豆腐的方式也终因农贸市场的兴起而渐渐没落了。

十年的光景匆匆流过。在一个平凡的早晨，我看到了那个卖豆腐的小伙子。他竟然那么好认，模样没变，贩豆腐的车也没变。我注视他时，他正靠在车上出神。他的目光呆滞了，不再炯炯有神。而那浑厚有力的叫卖声，再也没有响起。

他难道没有变成小老板吗？

一个小孩儿对一个卖豆腐的小伙子的唯一希冀，终于破灭了。时间是残忍的，很多东西跟着时间轻易地跑掉了，再也不回来。

而十年后的他，却仍是十年前的模样。仿佛他被时间冻结了，一动也不能动。还是因为，他的心从未动过呢？

如果时间真的能凝固一切，我希望停留在那个黄昏：盛满豆腐的小盆，紫红色的五角钱，斜斜的夕阳，爷爷苍老而温暖的面庞……

磨剪子抢菜刀——来自远古的呼唤

小时候，在大大小小的胡同里，经常能看到一位老大爷，右肩膀上扛着条小板凳，上面绑着块磨石，褡袋里装着磨剪子用的家什，走累了，就放下板凳，坐上去歇歇，喘匀了气，结结实实地喊上一声："磨剪子嘞，抢——菜——刀！"

那声音真实，有些沙哑，但没半点刻意的修饰。在那样一个困倦的下午，荡起这原始的呼唤，总能让人从混沌中清醒。

若是恰巧逢上剪子菜刀钝了，奶奶就会把这些家伙拿下楼，让老大爷一一磨好。他接过剪子，在磨石上倒了些水，噌、噌地磨起来。剪刀一遍遍从磨石上划过，从起点到终点，再回到起点，仿佛时间永无止境的轮回。而我常常看着这简单重复的动作而发呆，不知道自己究竟在想些什么。

对了，我还记得那个关于叫卖声的故事：我大爷小时候在听到"磨剪子抢菜刀"这叫卖声时就会十分气愤。为什么呢？他说："怎么把别人的剪子磨完还要抢走一把菜刀呢？太欺负人了！"

当然，大爷小的时候我还没出生。这有趣的故事是奶奶讲给我听的，每次听完这个故事，我都会咯咯地笑个不停。奶奶还会讲关于爸爸的、姑姑的好多好多的故事，讲也讲不完。而我就喜欢靠在她身边，听啊，听啊。

做完了一家的买卖，老大爷会小憩一会儿。若是许久也没人惠顾，那也没有关系，就坐在板凳上，睡上一小觉。高兴了，就结结实实地喊上一声："磨剪子嘞，抢——菜——刀！"

而今，做这行当的人，已几乎见不到了。那叫卖声只出现在童年的记忆里，然后就消失不见了。曾碰到过一位磨剪子的老大爷，他轻轻地拨动开关，磨石轮自己飞快地转了起来。剪子凑上去，溅出一道道火花。

是啊，我们跟着时间前进着。但那个静谧午后的叫卖声，是永远都找不回来了吧。

修伞——徜徉在小巷中的雨人

家里有一把花格子大伞。小时候淘气，曾把它弄坏过。当时的我生怕爸爸责备，赶忙拿出棉线把掉了的骨架一圈圈缠好。可那毕竟不管用。伞一旦被撑开，线绳就轻易地脱落了。

后来我惹出的祸被奶奶发现了，她没有责备我，而是告诉我："没事，等修伞的来了就能把它修好了。"

哦？还有专门修伞的人？我倒是第一次听说这个行当。

我从未见过这工作是怎样进行的，因为当我再想起那把伞的时候，它已被修好了。但我听到过修伞的叫卖声。

"修伞——"

平淡的一声叫喊，没有什么怪腔怪调。修伞的人把声音压得很扁，有些尖。我跑到窗台，透过玻璃去看那个修伞的人。

一个矮个子的中年男人。戴着个蓝色的前进帽，身穿蓝色的中山服，手拎着一个方方的黑色皮包。那打扮与 20 世纪 60 年代的工人别无二致。

他走得并不快，喊一声，就停一会儿，等待着回应。

他就这样走着，一直走出小巷，走出我的视线。我还记得，那天是阴天，或许快要下雨了吧。

修伞的人和伞是相依存的，而伞又依赖着雨的眷顾。通过这种微妙的联系，人与自然就关联在一起了。修伞——这个微妙的职业，因雨而生，因伞而生。他似乎是雨的使者，徜徉在大街小巷，把湿润的气息带给每一个角落，去安慰那些浮躁的尘埃和心灵。

修伞的职业已慢慢地消失，那唯一的印象永远定格于修伞人。但那个阴天里的湿润气息，至今仍在记忆里弥漫。

爆米花——淡淡温暖的香气

"响咯响咯响咯哦！"这是卖爆米花的最常用的吆喝。

但这并不是叫卖声。卖爆米花的人总是不停地摇着那黑色的锅，没有工夫叫上几句。这是爆米花即将出锅前，为了提醒路人们不要被吓到而特意叫喊的，吆喝过后，就是嘭的一声响，浓郁的香味满溢出来。爆米花出锅了。

卖爆米花的会用筛子筛一遍，然后分成好多小份，用袋子装好，整齐地摆上一排。

那锅是黑色的，装爆米花的篓子也是黑色的，就连卖爆米花的人的手，也是黑黑的，手背上沧桑的纹路凹凸不平。唯有那爆米花是白的，很美、很纯，叫人忍不住咬上一口。

除了那声吆喝，卖爆米花的人几乎不再说什么话。他的脸总是黑黝黝的，不知是因为皮肤本身的颜色的缘故呢，还是手不小心在脸上摸了摸呢？或许他自己也不知道。

本以为这个行当也只会出现在记忆中，但没想到现在的我竟然看到了那卖爆米花的。黑锅，黑篓，黑筛子，一点儿也没有变。忽听得嘭的一声，吓了我好一跳，定睛一看，原来爆米花出锅了。香气在小小的街道里随意飘散。在我看着他家什出神时，他就已经吆喝了，只是我竟过分出神，没有听见，以至于被吓了一跳。我终究是对那叫卖声不敏感了。不过，经历一次心惊胆战，以爆米花浓郁的香味作为补偿，也未尝不是件好事。

记忆中的那些声音，在某个时刻不经意地响起，便勾起了人们一段逝去的回忆。那些叫卖声，平凡、朴素，令人回味。但它们毕竟随着日子一起过去了。每每想起这些声音，不禁感叹时光的流逝，一去不复返……

指导教师：田　宇

寻 梦 长 白

◎2021 级 1 班　徐子涵　荆政达　高韫晞　范文博

◎2021 级 6 班　王煜媞

◎2021 级 14 班　张书瑜　张家硕　李家宝

到长白去，寻那座巍峨矗立的山。

以天池的冰山水流为墨，

写封信给古老的不咸山魂。

你越过燧人氏以前的昏黑明灭，

你走过时间中崩塌的大千世界，

留下山峦雪影，屹立在北方之侧。

沉寂在天池，

这一山巅的水泽，

与落日熔金，

共话这人间的悲喜欢乐！

多少岁月无声的风致，

蕴在这大山清晰可见的指纹里；

多少世代变迁的沧桑，

埋在这孤峰绵延万丈的白发里。

白桦松柏静立千年，

晨雾的氤氲起伏是自然的吐息。

而你——

则隐在这最原始的吐息之中，

聆听着生灵的脚步声：

半步猛虎，

半步麋鹿。

到长白去，寻那段悠长的岁月。

以脚下的黑色泥土为纸，

写封信给亿万年的雄灵山鬼。

你身上流淌的亿万年的长白血脉，

融在流落的冰水中，

渗进山岩缝隙，归流暗河。

在这仁厚的黑色泥土上弥散，

滋润出草堆上沸腾的火苗，

滋润出带着利刃的石头，

滋润出刻在岩石上的一个个图腾！

留下古老的传说，

沉寂了亿万年的——

岁月流转！

岩石上那条巨龙腾空而起，直冲云霄——

播撒下文明闪烁的星火！

凝聚出神圣土地上，

多元文化的

中华！

而你——

则站在这碧穹间崛起的山阿之上，

俯瞰着苍茫大地的神圣图景：

半壁火山，

半壁冰川！

到长白去，寻那片英雄热血浸过的土地。

以万年矗立的苍松古柏为笔，

写封信给白山黑水之间的烈士英魂。

血染长白，

你们踏破万重山水收复山河。

荒原水畔，

犹听战马嘶鸣；

寂野山间，

难觅英雄枯骨。

破日寇，败美帝，息烽火！

你们还生民一片太平，

却未渡过这松江晚浪；

你们送祖国世代繁荣，

却从此挥别炊烟故土。

赤胆忠魂融在长白的山魂之中，

化作红色版图边界的白色山麓，

化作矗立于边界的厚重迷彩服，

化作平凡而朴素的信仰，

仍守护着——

这一方净土！

而你，你们——

则放歌于绵延万代的风雪之间，

传唱着凛然不屈的梦想：

半山幽静，

半山红灿。

到长白去，寻那场盛世繁华的烟火。

站在"共和国"长子的臂膀上，

去探寻长白雪峰的奥秘。

那些古老的山峦，

他们也认得我——

千年未改的模样。

借地质锤，拜山访水，

听石灰岩的心跳：

有万年前的悸动，

有风和雪的脉搏。

桀骜的山峰，以苍茫作脊梁，

用量角仪，丈量旭日——

旭日如同天池的一汪湖水，

未经人世。

雪覆盖的地方，

蜿蜒出万家灯火，

鎏金般温柔的颜色，

是可以触碰的温度。

等你我回望，

风华绝赏，灿耀山河。

钢铁铺就新的峰峦，

山麓留下，野花一片；

泱泱沃土，代代风华！

长白，长白，归去来兮！

流云，雪浪，

抹不去朝拜千年的印记；

火山，天池，

煮不沸人间皎洁的真意！

于是我到长白去——

用足迹描摹不曾远去的历史；

于是我到长白去——

用纸笔绘下苍茫天地的轮廓；

于是我到长白去——

用诗歌寄情心之所向的远方！

于是，

我到长白去——

看那轻薄的雾，

看那澄澈的水，

还有那

雪山苍茫，

野草芬芳！

指导教师：杨治宇

阳光下的故事

◎2013 级 1 班　林梦瑶

附中没有什么故事。

朝阳斜斜地将旗杆的影子拉长，操场上晨练的学生排着整齐的队伍让影子掠过整条跑道。校歌准时开始，优美的旋律回旋在空中，在每名附中学子的心中激荡起点点涟漪。教室里，同学们坐在排列整齐的课桌前端好书本携着青春的朝气朗诵着一篇篇古文，一时间书声琅琅。

不是每日的清晨都有朝阳笼罩这个校园，但每日的身影不变，每日的跑道未改，每日的校歌依旧准时，每日的书声从未迟到。每日的附中都未曾减过蓬勃的朝气。

正午时分，太阳烘烤着大地，射进窗户，在地上反射着璀璨的光芒。走廊里，总会有老师将同学手中的电脑接过，让执意要将电脑送至老师办公室的同学早点儿去打饭，以免过去晚了饭菜凉了。食堂里，总会有滑倒的同学被旁边的同学扶起，总会有"谢谢""不客气"的声音从人群中传出。学生们穿着雪白的 T 恤衫驰骋在球场上，欢呼的声音纷乱却又蕴含着真心的鼓励，不时有一瓶瓶矿泉水在欢呼者与驰骋者的手中传递，折射着太阳的光芒。

并不是每日都有如火阳光将大地炙烤，然而每日球场不变，每日的身影未减，每日的铃声依旧准时，每日的帮助都会与困难同在，每日的附中都未曾减过互相帮助的热心。

夕阳将校园镀上淡金的浅影。教室里，老师依旧站在三尺讲台之上指点江山激扬文字，粉笔屑蒙眬了学生们的视线，眯了老师的眼。不知是哪棵树将影子调皮地伸到了靠窗同学的桌上，却在发现同学专心于老师口中传授的知识不曾因它而分心时倍觉无趣地缩了回去。

虽然不是每日都有树影在桌上拂过，留下祝福的话语，然而每日三尺讲台上的身影都不曾消失，每日同学们的专心都不曾改变，每日的奋笔疾书、挑灯夜战，不解难题誓不睡的决心都不曾削弱分毫。每日的附中都不曾变过，奋发图强、努力拼搏。

在附中，这个阳光照耀下的校园里，没有什么故事。

每日的跑圈，每日的书声，每日的问候，每日的帮助，每日里为了心中的梦想而付出的努力、迈出的一小步，都已成为习惯印在每个附中学子的心间，从未在时间的流逝中被冲淡分毫。

这些，都还不算故事，因为它们是鲜活的。

在附中没有什么故事，因为那些关心，那些拼搏，那些奋斗从未消失。

有的只是每日的坚持与奋斗。

附中不需要故事。附中不需要曾经的学哥学姐们辉煌的故事，附中不需要今日的学弟学妹们努力的故事，附中就是附中。

指导教师：张海波

自由笔（其他）

引　言

　　陈寅恪先生提出"独立之人格，自由之思想"的学术命题，将"独立的人格"与"自由的思想"作为人之为人的根本，自由是信仰的灵魂，唯自由书写，唯带着无拘无束的灵魂重返"洞穴"，文学方不虚此行。奇文共欣赏，疑义相与析，"吹入沧溟始自由"，小作者们深入地思考，以我手写我心，自铸理性殿堂里的判词。

　　"蓬莱文章建安骨，中间小谢又清发。俱怀逸兴壮思飞，欲上青天揽明月。"本部分所选的文章，有对历史、对社会、对人心的重新表达、重新演绎，有对经典文章的不同体认和独到感悟，有对中外影视作品的纵情点评。在这个千川竞流的时代，少年们无所畏惧。他们大胆歌哭自己心底年轻的感情，坦白良心与真理。自由的心灵之歌终汩汩滔滔，汇入真与美的沧海。

孤 独 之 宿

◎2021 级 14 班　张天然

　　"在猎猎狂风中与蚂蚁牙齿下，光荣与孤独相继轰然倒塌。布恩迪亚自羊皮卷中诞生，也终将于无尽孤独中毁灭。"

　　林语堂先生曾为"孤独"作释义：这两个字拆开来看，有孩童，有瓜果，有走兽，有飞虫，足以撑起一个盛夏傍晚的港口，人情味十足。孩童走兽飞虫自然热闹，可都与你无关，那就是孤独。如果"孤独"在林语堂先生看来是"世间繁华皆与我无关"，那么在马尔克斯笔下则为"平淡里的如鲠在喉"。

　　《百年孤独》中，在马尔克斯魔幻现实主义的笔触下，马孔多这座小城下了四年十一个月零两天的雨。大雨让马孔多满目疮痍，所有基业毁于一旦。人们在雨水的浸泡中彻底打消了重建家园的愿望，在这潮湿的孤独中双眼发直地等待死神的眷顾。书中有这样一段对话：赫里内勒多·马尔克斯上校望着荒凉的街道、巴丹树上凝结的水珠，感觉自己在孤独中迷失了。"奥雷里亚诺，"他悲伤地敲下发报键，"马孔多在下雨。"线路上一阵长久的沉默，忽然机器上跳出奥雷里亚诺·布恩迪亚上校冰冷的电码："别犯傻了，赫里内勒多。"电码如是说道，"八月下雨很正常。"一来一往，写尽了两人心中难以言说的孤独。战争中的赫里内勒多在孤独中迷失了自我，电报中看似无所谓的"马孔多在下雨"是他不抱希望的求助。作为布恩迪亚家族的一员，奥雷里亚诺懂孤独，我想他一定读懂了赫里内勒多的信号，而他没有选择迎合、安慰，只是淡漠地告诉他：八月下雨很正常，意思是"兄弟，孤独很正常"。孤独是赫里内勒多无法摆脱的，也是别人无法介入的，像是无疾而终的宿命一样，孤独也是他的宿命。

这种宿命似乎如布恩迪亚家族成员的名字一般不断复制粘贴，使孤独贯穿于这个家族百年的历史长河中。家族里的每个人都是孤独的载体，每个人又都有各不相同的孤独。有人因权力而深陷孤独的旋涡，有人因空虚而失去爱的能力，有人因自卑和痛苦而吞食墙皮泥土，有人妄图逃脱却用生命正名。布恩迪亚七代人，从何塞·阿尔卡蒂诺·布恩迪亚怀着无畏的冒险精神创立了马孔多，到家族最后一人在凋零玫瑰的蜘蛛网下被蚂蚁啃食殆尽，布恩迪亚自羊皮卷中诞生，也终将于无尽孤独中毁灭。因为孤独是布恩迪亚的宿命。

随着家族消失在风里，马孔多这座小城也不复存在。而在历史长河中，没人记得起奥雷里亚诺上校发起的三十多次失败的战役，没人记得起改变了马孔多命运的香蕉公司，也没人记得起军队开枪杀掉三千多名工人并将他们丢进海里的往事。一个家族的昌盛没落，一座小镇的繁荣兴衰也消逝在风里。而繁华的尽头是孤独，那座小镇终将变为无人之境，留与后人评说，如果有人相信这小镇曾存在的话。

一个绝对真实的世界不会有人相信，一个荒谬的世界也必然不是虚幻。书中的历史与政治正是拉丁美洲的倒影。殖民进程虽已结束，但其带来的贫富差距、暴力、资源掠夺等问题仍侵蚀着拉丁美洲这块土地。历史的车轮仍在向前，拉丁美洲拖着伤痕累累的身躯在历史的进程中踽踽独行。孤独也是这座城、这片土地的宿命。

正如见证了布恩迪亚家族兴衰的始终，同时又是参与者的庇拉尔·特尔内拉临死前所彻悟的那样，一个世纪的牌戏与阅历已经教会她这个家族的历史不过是一系列无可避免的重复，若不是车轴在前进过程中不可避免的磨损，旋转的车轮将永远滚动下去。布恩迪亚家族与马孔多消失在飓风里，但在数百年后的今天，或许我们所有人都是布恩迪亚家族的"一员"，顶着大同小异的名字，重复前辈的错误和荣耀，继承前人的言语和经验，日复一日过着自以为不同，其实和百年前并没有什么区别的生活，周而复始。直到有一天城镇、人类乃至整个世界都从地球上消失。届时所有的勇气、美好和丑陋、粗鄙都不再有意义。只有孤独，伴随着我们出生，伴随着我们死亡。

"一切自永远至永远不会再重复，因为注定经受百年孤独的家族不会有第二次机会在大地上出现。"百年孤独，孤独入骨，这种孤独，不是第一代何塞·阿尔卡蒂奥·布恩迪亚的孤独，不是布恩迪亚家族的孤独，不是马孔多的孤独，不是拉丁美洲的孤独，而是整个人类的孤独。这份孤独永远延续，永远不被人理解。

马尔克斯在诺贝尔文学奖领奖台上讲道:"面对压迫、掠夺和歧视,我们的回答是活下去,任何洪水、猛兽、瘟疫、饥馑、动乱甚至数百年的战争,都不能削弱生命战胜死亡的优势。""一种全新的、颠覆性的生活方式:不会连如何死,都掌握在别人手里,爱真的存在,幸福真的可能,那些注定经受百年孤独的家族,也终于永远地享有了在大地上重生的机会。"我们期盼着这样一个社会的到来,也期待着百年家族的重生。

指导教师:杨治宇

诗 话 莲 心

◎2018 级 8 班　李欣安

　　中国的诗人爱以禅入诗，有些是为了排遣郁结，还有些是真切通过生命的勃发，感受禅中境界。山水本无情，可经有情人的点墨，便蕴含了雅韵与哲思。

　　如柳宗元的"千山鸟飞绝，万径人踪灭。孤舟蓑笠翁，独钓寒江雪"。渺远的高山上，绝了飞鸟的鸣音，千万条小径上，已不存在行人的足迹。天地间只有茫茫的白，那是飞扬的大雪，还有一点，那是披蓑戴笠的老翁在江上垂钓。所有的意象，仿佛构成了一幅清幽的古画，留白恰到好处。这与张岱的"天与云、与山、与水，上下一白。湖上影子，惟长堤一痕、湖心亭一点，与余舟一芥，舟中人两三粒而已"有异曲同工之妙了。这两人一个遭贬谪，一个家族衰颓，都是经历了大繁华与大悲苦之人。我们如今所欣赏的凄美、素净的文字，正是繁华落尽时的锥心蚀骨的痛苦结晶。尼采说："一切文字之中，我独爱以血写就的。"在经历过浮华的褪色后，生命本源便显现出来了。天人合一的境界于此得以休悟。

　　最典型的应属常建的"清晨入古寺，初日照高林"一诗。

以禅院为题，行路的"曲径通幽"正是象征着问道历程的可遇不可求。所谓"山重水复疑无路"，只有当己身积累了足够的经历，蒙受了苦难的折磨，并了悟了生命的本质后，叩问大道之门时才会有所回应。这正如达摩祖师面壁九年，终参透佛理一般。"山光悦鸟性，潭影空人心。"这一句是全诗的点睛之笔，一个"空"字正是点出了禅境的臻境，与后文"但余钟磬音"相和。诗人心中再没有源于"我"的尘念，只有眼前的澄澈潭水，而再后来竟是连目之所及也消尽了，余下的是茫远的、古老的洪钟之音，一下一下地，碰撞着、洗涤着外来客的灵魂，"物我两忘"之境于此体现。

身如菩提树，心如明镜台，时时勤拂拭，莫使惹尘埃。

菩提本无树，明镜亦非台，本来无一物，何处惹尘埃？

此二偈恰是暗合禅中二境，前者，是天人合一之境的写照，而后者，是物我两忘之境的写照。

悟禅者，言诗者，归根结底在于其本身，以诚心证道，以莲心净念。落魄失意，显达荣华，在开拓了生存向度，抵达了更博大的精神空间后，皆显得如"沧海一粟"般了。

指导教师：张海波

原月下的朝圣

——读毛姆《月亮与六便士》有感

◎2016 级 28 班　陈柯萦

若非要我用一个词来表达对这本书的情感，便是——相见恨晚。

但丁在《神曲》中叹惋道："月亮下面的金钱，从没有使劳碌的人们有片刻的安静。"六便士，是英国价值最低的银币，卑微地映射月的冰凉；月亮，可望而不可即，却散发原始而凄美的光。

在这静谧浑然的圣光下，朝圣者的内心迸发出对自由与真理信徒般的狂热与感激。

事事皆可忍

The only unbearable thing is that nothing is unbearable.

——兰波

电影《心之全蚀》中，魏尔伦可以忍受深入手心的刺刀，却不可以忍受虽能满足肉欲却对他的思想一无所知的妻子，于是抛开传统的筹码，追随兰波；兰波亦可以忍受嵌于血肉的子弹，却不能忍受阴鸷而腐坏的诗坛和令他发笑的人群，渴望远方和太阳的浇铸。在《搏击俱乐部》中，人们更乐意用头破血流，肉体的千疮百孔，来换取灵魂的救赎。

他们的叛逆看似是社会责任感的缺失，谁又知晓，这才让他们找到生命的归属感。所以当我告诉你，这个衣衫褴褛，指甲藏污纳垢，被乱蓬蓬的火红胡须遮掩消瘦面颊的人，他在不久前曾在一栋别墅中消暑，也就不足为奇了吧。他是这本书的主人公——斯特里克兰。

他原本过着平静安详的生活，身为一名证券经纪人，不惑之年却毫无征兆地抛弃妻子，几乎身无分文地从伦敦到了巴黎。蜷于昏黄的画室日夜作画，完全漠视生活的舒适度，对于活在井然有序的幸福中的人来说，这无疑是令人不齿的生活。

面对所谓的"天伦之乐"，斯特里克兰只看到了安逸中的恐惧，他厌倦了其中的规则，渴望桀骜不驯的旅程。

他厌倦的究竟是什么？是学识有余而涵养不足的人们，是苍白无力的所谓"激情"，是枯燥无味的所谓"理想"，是偶尔用逾越礼规的言辞来伪饰出睿智的迂腐灵魂，是媚俗，是格式化，是那个看似风光美满却对他而言重门深锁的幽暗世界……

顺理成章地，他踏上漫漫征途，哪怕激流险滩。

哪怕穷困潦倒，至少双眼放着光。

于是我试图补全这句话：唯一无法忍受的，即事事皆可忍受，如果非要有一件，那是庸俗。

翻越道德塔

"艺术中最有趣的是艺术家的个性，如果这是独一无二的，那么即使他有一千个错，我也可以原谅。"我猜测这是作者在说出故事前为读者打的一针镇静剂，为的是当毫无道德感的斯特里克兰出现时不显得那么突兀，令人难以接受。

斯特里克兰麻木不仁，遗忘法律意义上的妻子，从未动容于斯特洛夫的援手，做了恩人婚姻中的第三者，成为布兰奇自杀的罪魁祸首……他在道德上常被世人诟病，若用道德的标准来衡量，他的确是个彻头彻尾的毫无责任感的"渣男"。抛去了道德的桎梏，社会上的普遍价值在斯特里克兰眼中仿佛一文不值。

没错，在本应承担很多的年纪，他为人生做了减法，做了个执迷不悟的"傻子"，不可理喻的"疯子"，冷酷无情的负心汉。但我深信当文学越接近现实，人格就越丰盈，人性就越矛盾。如毛姆表达的"卑鄙与高尚，邪恶与善良，仇恨与热爱，可以并存在同一颗心灵中"。

斯特里克兰违背一切，却忠于内心。人们说他自私，因为他的眼里没有别人；人们又说他无辜，因为他的眼里何止没有别人，也没有自己。此时"你指责他没有情感，就像指责老虎的凶残一般荒谬可笑"。他已经用崇高美好来装点世界，唤醒意识，于是你就要接受他人性的野蛮：他给你最大的礼物，同时也占有。

就像毛姆说的"作家更关心知悉人性，而非判断人性"。

对于斯特里克兰，他不敢妄加评判，也许他早有了自己的判断，但不想将判断强加于任何人，因为判断的标准实在见仁见智。

尼采曾言："抛弃一切人性的、社会的、道德的桎梏，直至我们能够像孩子那样雀跃舞蹈。"他深信当有的灵魂超越了道德的束缚，再探讨"是否该将社会利益置于个人之上"的问题着实显得愚蠢，尊重"自己"这个独立生命体或许才是尊重社会的最终奥义。

于我而言，只想引用书中末尾的一句话："《圣经》上的另一句话，也到了我的嘴边，但我管住了自己的舌头，没说出来，因为我知道，牧师不喜欢凡人偷尝他们的蜜饯，他们会认为，这有辱神明。"

我羞于开口，因为这一切已轮不到我去包容。

乱步听风吟

"我要画画，就像溺水的人必须挣扎。"

斯特里克兰的深层创作本能如癌症般扩散，无情疯长。摄住特里斯克兰的，是还原美的狂热，是内心的冥冥召唤。他词不达意，于是"极力想通过绘画的手段，表现更适合用文学来表达的理念"，试图在画布上用笨拙的笔触，灵魂的痛苦描绘出自由的表达，找寻生命的伟大。

多次几近山穷水尽，他步履维艰，却始终"像一个终生跋涉的香客，不停寻找一座可能不存在的神庙"。但他从未后悔于这艺术苦旅，因为他深谙经历了灵魂的煎熬，才能在宇宙混沌中创造出美，恰似有一些痛苦注定要在自我救赎中被重新定义。

斯特里克兰跋涉在这段波澜壮阔却荆棘满布的跌宕旅程中，风呼啸而过，值得庆幸的是，他毕生找寻的东西，终于找到。

心安处为乡

"在他们的出生地，他们是异乡人。"熟悉的林荫小道，曾经玩耍过的，不过是旅途中的驿站。"这种人在自己亲友中可能终生落落寡合，在他们唯一熟悉的环境里也始终孑身独处。有时候一个人偶然到了一个地方，会神秘地感觉到，这正是他始终怀想的栖身之所。"

我认同这个理论，有些人生来就不属于他们出生的地方，他们会在另一个地方找寻到内心的平静。对斯特里克兰来说，"他住在巴黎，比底比斯沙漠的隐士还要孤独。"因为他的灵魂在别处——塔希提岛。

一个距文明社会千里之外的金色国度，艳丽的蓝天下，胡椒树荫翳蔽日，绚烂的色彩令人眼花缭乱。永不休止的是成千上万的小动物的窸窸窣窣，是海水拍打礁石的沉闷低吼。在神秘的月色下，"你的灵魂仿佛随时都会飘升到浩渺的天际，死神就像一位老朋友那样对你知根知底"。

在这里他逃离了传统文明的框架，挣脱了古典文化的阻碍，腰间围着帕里欧，幕天席地，与世无争，优哉游哉，和他的第二个妻子——土著人爱塔，过着几近原始的生活。他欣赏爱塔，我想是因为爱塔拥有他倾毕生之力追寻和表达的东西——纯粹与质朴，还有深入骨髓的野性。

塔希提岛孕育出了他名垂千古的终极哲学——《我们从哪里来？我们是谁？我们到哪里去？》。当这"像巫术般，既美丽又污秽"的画作呈现在你眼前时，你也许如堕云雾，一股无法分析的情感油然而生，顿感其中蕴藏混沌宇宙的秘密；也许读出赤裸裸的人类原始本性，这令你感到害怕，因为你看到的是自己，我想这是因为精神的裸露与自由给人震撼，也是因为现代人的脆弱被人窥探。

我想我更倾向于后者。

诗人兰波在海天交融处找到了"永恒"；斯特里克兰在纯粹的自然与人文中找到了"真理与自由"。

原始与自然总是让人心如止水。

富士山的美

斯特里克兰最终身患麻风病，双目失明，临死前命爱塔将墙壁上的巅峰之作烧毁，将自己同两个逝去的孩子一样葬于杧果树下。

他曾把鲜明的个性一股脑儿挥洒出来，只专注心灵之眼看到的，作品本身实则无关紧要。斯特里克兰的心之所向，无关生活，无关理想，甚至无关艺术，只有关原始的纯粹和灵魂的自由。

如书中所说，"当你完成最伟大的作品，它便离你而去"，因为艺术的最高诉求永远不是声名远扬，不是世人惊叹，而是遥不可及的精神的涅槃。也许付之一炬才是涅槃的象征，一切归零才是最好的结局。

"谁能凭爱意要富士山私有？"

斯特里克兰的原型是高更。许多人了解他是通过凡·高，相比凡·高的熔金般喷涌的对生命的热爱，我更为高更的蕴藉与虔诚如一所打动，他的矛盾与彻骨、笃定与纯粹，成就了一个无人能审判的灵魂。

愿如杨绛先生所说的："走好选择的路，别选择好走的路。"

在澄明的月光下，做一个斯特里克兰般孜孜不倦的朝圣者，勇敢而自由。

指导教师：李跃庭

昨 日 之 死

◎2021 级 22 班　李美舍

自知走到生命尽头的柏拉图回忆自己的一生，脑海中总是浮现苏格拉底饮下毒酒那天。那天柏拉图因病缺席，如今只能靠想象重建恩师的赴死时刻。

第一场

柏拉图站在舞台中央，声音低沉，娓娓道来。

柏拉图： 我的太阳，熄灭着收尽苍凉残照，旧日朝晖，咆哮着怒斥光明消逝。

顺着时间之河踱向老朽，任凭生命之影撩濯心海。

我拜师求学游弋象牙塔，也求诸实践构筑理想国。热血满腔相信正义无敌，年少天真静待哲学为王。

革命一声械鸣危机密布，道德无音陷落乱云飞渡。故态复萌我欲投身政治，苏格拉底吾师竟落囹圄。

雪地孤鸿彷徨莫知所措，风林丹鹤锵然从容申辩。终审临近我却抱病不起，慨然吾师吾友终以身殉。

自此我投身数理并哲学，仍游走远方林间设杏坛。身
垂老舍正义而论刑赏，心孤苦弃德化而谈法治。

鱼龙潜跃兮滟波映我影，形影相吊兮愀然思零落。墨
索斯悄至问我梦中景，衔遗恨垂头嗫嚅吾师名。

死神予他毒鸩教他低头，他接过酒杯仍头颅高昂。

吾师吾友年近古稀，却心思缜密如中年，身强体健如
青年，热血赤诚如少年。

许是克里同拜倒膝旁，许是阿波罗多洛放声号哭，许
是克珊西帕挥手作别。

牢狱空荡，卷籍散落，光线稀疏，消沉蔓延。毒酒在
手，恩师傲立。举杯邀光，无声呕哑。

第二场　狱中

柏拉图退到舞台一侧，苏格拉底、克里同、阿波罗多洛、
克珊西帕上。克里同手拿毒酒并与阿波罗多洛围绕苏格拉底右
侧，作啼哭状。克珊西帕站在左侧掩面哭泣。苏格拉底站在床
边，慷慨陈词。

苏格拉底：克里同！你们为何哭泣？眼泪向来是最无用之物，
　　　　　它汇不成第二个我，它不能启发你们任何一个。它
　　　　　只会滴落，滴落，向土地流去，向汪洋流去，却不
　　　　　能滋润民众干涸的心田，不能掀起雅典任何一处的
　　　　　浪潮。不要为我哭泣，你们的泪流下就会不见。在
　　　　　这暗无天日、光明逃逸的时候，空气中每一粒尘埃

都在昏睡，这正是你们应该为我咆哮的时候，让他们全部从梦中惊醒，让海洋挥起他的臂膀，让光明为他的缺席感到羞愧！

（苏格拉底透过狱中小窗看天）世间最高耸的天哟，你笼罩着天地万物，静默一旁监视人间。奥林匹斯山在你的庇佑下矗立，众神在你的指引下前进。我景仰你，景仰真理的力量，景仰万物的规律，我探索一切诸神无法告诉我答案的问题，成为你最忠诚的信徒。而你的信徒被诬陷，你却躲在远处一言不发，愈要触摸你，你躲得愈远。你怎样对得起这葱翠青色，怎样对得起虔诚的追寻？当你和光明一同逃跑时，留在天边的火烧般的晚霞，那是你们害羞的神色吗？

阿尼图斯他们指责我不敬旧神而另寻新神，天啊，你难道不知道我吗？昔日凯勒丰到神庙中求教，神谕指出世上并没有比我更智慧的存在。诚惶诚恐之下，我寻遍城邦每一个角落，遵照神的意旨与那些名为智慧的人交谈，希望听到真正智慧的声音。可怜呀，可惜呀，那些哲学家、诗人与匠人，他们得到神的恩赐——精辟的思想，动人的诗篇，精细的雕像，却在我的诘问下弃兵曳甲，仓皇逃窜，他们手舞足蹈地吹起他们真理的巨型泡，却被我一个个戳破。青天啊，我必须告诉你——人世间名声叫得最响的人恰恰是最无知的人，而人类唯一接近智慧的机会就是承认自己的无知。

天啊，如果我真的像他们说的那样是个不信神的人，我为何为了这一道神谕到处缠问，引起世人对我的厌恶憎恨？天啊，你告诉我，我只是协助神指出自以为是之人的不智慧，可他们为什么诋毁我不务正业？他们野心勃勃、生性粗暴，众口一词地对我发动攻击，难道这世间不欢迎说真话的人？

他们污蔑我为无神论者，又指责我另寻几个新神来敬？你这青天，我想你明白其中矛盾。而这最简单的逻辑错误，竟骗过法庭上所有人。那些人云亦云的民众，以责任微小为自己开脱，认为他们的一票掉不了我苏格拉底几根头发，于是纷纷向声势最大者看齐，却不是向真理注视。天啊，空气凝滞，阴风浑浊，灵魂出走，精神涣散，公民没有醒来啊！

（苏格拉底透过小窗看奥林匹斯山）山啊，奥林匹斯山！你又是如何安然无恙、稳坐一方？你孕育诸神，吐纳光明。神秘莫测，伟力无边。子民们将你的名字奥林匹斯看作世上最高尚最珍贵之物。他们疯狂书写赞诗，以换得你山脚的一棵细草。他们不停修建神庙，将你的所有奉为圭臬。而我也曾是这生物之群中毫无怨言的一员。但此刻，我将饮下毒鸩，被逼承认莫须有的罪名，你却没有出现啊，真理之神阿波罗，你在哪里？向来磊落、从不说谎的阿波罗，是山间浓雾遮住了你的双眼、缚住了你的战车吗？诸神啊，你们将普罗米修斯缚在高加索山，让伊卡洛斯坠入大海，难道我也难逃此劫吗？

我如何毒害了青年？试问诸位迷失在奥林匹斯山的神明，我如何毒害了青年？我只是匡扶真理，身后有人狂热追随。他们向我学会了盘问，学会了思考。同我一样，青年们反驳了一切不懂装懂的指摘，似乎把公民们惹恼了，他们便把矛头对准我，指责我作恶多端，授人诡辩。伟大的神，你告诉我，这罪名缘何而起？难道应对批评的终南捷径是毁掉指责者吗？难道平息动荡的必经之路是谴责替罪羊吗？

我知道，城邦的法律不容亵渎，神的意志不容忤逆。我曾四处劝告青年们要遵守法律，现在也绝不会因死刑的来临选择背叛与逃跑。既然罪名已经落在肩上，那我就将它们负起。但是，判我死刑的人们，如果你们以为杀死我就再也不会有人检验你们人格的话，你们就完全错了。这种逃避的方法可耻又无效。雅典这匹骏马，需要牛虻的叮咬，让它清醒，让它警醒！

（苏格拉底接过克里同的毒药并喝下，躺在床上，等待死亡，侧头看见狱中火炉，声音逐渐变小。）

死亡必定是件幸福的事，这一生多少日子能像今天这般安恬无梦。

有限的生命里，我完成了神的使命，借着这副肉体行走于世界，观察、聆听、触摸、品尝、思考。却终究被肉体禁锢着压抑着，而如今我的灵魂可以安然无恙地离开。如果像大家说的那样，死亡是灵魂转向别处，那里聚集着所有死去的人，朋友们，还有什么美事能同这相比？我要和帕拉默底斯、埃杰克斯交谈，比较我们承受的苦难。我希望向奥德修斯、西西弗斯请教，等待真理的回答。这时我将触摸到真正的智慧，不再是人间的假装聪明。

明亮的流动的火，同我握手吧，我的血液同你的颜色一样纯洁。我看见你火红的眼睛中，赫尔墨斯向我走来，他带我穿过漫无边际的黑暗，带我来到冥河渡口。我踏上卡戎的渡船，免遭永生永世的沉沦之苦。邈远的灰色平原盼望着我，埃阿科斯等待着我，爱丽舍或塔尔塔洛斯守候着我。我站在天地中央，日影苍茫，驻足彷徨，如堕云雾，迷踪失路。我举目千里芥子，鹰鸣远岫，雅典依旧。荷马著诗，塞壬歌痴。

我的学生们，我的朋友们，分别的时候到了，我走向死亡，而你们继续活着，谁的去路更好，只有神知道。

即刻启程，我欣然前往。

苏格拉底渐渐合上双眼，阿波罗多洛伸手摸一摸他的身体感到冰冷僵硬，号啕大哭起来。克里同、阿波罗多洛和克珊西帕三人彼此安慰，互相扶下。柏拉图走近苏格拉底，长久注视。

指导教师：王　玲